幫自己喊停！

無痛戒癮3分鐘魔法筆記，治好你的暴食・滑習慣

臨床心理師
中島美鈴／著
鄧玟羚、高詹燦／譯

按此順序輕鬆戒除！

（本書的架構）

了解沉迷的運作原理

～只要理解人類的「行為」和「時間知覺」，
就不必依賴「毅力」和「努力」了～
（第1章）

滿足自己的慾望，同時了解「戒除的訣竅」

～了解壞習慣帶來的好處，
並尋找「替代行為」來實現它們～
（第２章）

學習如何每天花３分鐘寫「戒掉壞習慣筆記」

～準備一本普通的筆記本和一支筆，寫下４個事項～
（第３章）

參考成功戒除遊戲、社群網站、影片、酒、暴飲暴食的人所寫之筆記範例，提升戒除的技巧

（第４～８章）

改掉壞習慣，為自己騰出時間！

「認知行為療法」是一種引發全球關注的諮商技術，對於改善重度依賴（Dependence）與問題行為相當有幫助。

本書的宗旨就是要讓您掌握這種技術。

前言　奪回自己的時間！用每日3分鐘的筆記來戒掉壞習慣

感謝您翻開這本書。

您是否有想要戒除的行為或習慣？

遊戲、影片、社群網站（SNS）、菸、酒、暴飲暴食……。您可能會想，如果可以將這些事物所占用的時間，用在學習、健身或減肥等「能讓人生變得更美好的事物」上，那該有多好。

想戒，卻戒不掉……。

這是人人都有的煩惱。您不是唯一一個為此心煩的人。即便是那些看起來堅忍、優秀或認真的人，也都或多或少有此煩惱。

因為，這些讓人想戒掉的行為**具有以下的優勢：「能夠立刻獲得成就感」、「能帶來舒適感」、「能打發時間」、「能滿足對認可和歸屬感的渴望」**。

靠毅力或是努力來對抗腦部的這種機制，並且戒掉壞習慣，可以說是相當困難的一件事。

因此，本書將介紹一種技術，**讓您能夠利用筆記來「滿足渴望，同時輕鬆地戒除壞習慣」**。

只要有筆記本和筆就行了。該寫的事只有4項，每天大約花費3分鐘即可完成。

我是一名臨床心理師，專門提供「戒除依賴諮詢」，以及為那些無法妥善利用時間的人提供「時間管理諮詢」。我將22年來累積的經驗與知識彙整成這一本書。

●擺脫惰性習慣！向「又搞砸了……」的自我厭惡感說掰掰

這個世界充滿了有用的資訊，告訴我們在健康、工作、生意、金錢、外語學習等方面該做哪些事才會有所進益。每個人都知道運動、睡覺、營養、閱讀、社交、計畫性生活的重要性。

但是，人們卻浪費了這些資訊。

這個世界充滿了誘人的事物，例如娛樂、賭博、嗜好品（香菸以及飲料、點心等享樂性飲食）、美酒、美食等。我們在做好該做的事之前，就先沉迷於這些誘人事物，然後把珍貴的時間白白浪費掉了。

這樣就會剝奪我們的時間、阻礙我們吸收有益資訊。就算知道那些資訊，也會沒時間活用它們。

即使心裡想著「我應該去做正事的……」，也無法擺脫那些「想戒也戒不掉」的誘人事物，繼續沉迷。

雖然常會被告誡「要專注於當下」，但也只有被提醒的時候，我們才會優先關注「當下」，之後還是繼續讓自己集中在不合理的行為當中。

這是一個切身的問題。

一旦讓自己身陷在「又搞砸了……」的自我厭惡感之中，就會覺得自己很沒用，責怪自己是個「意志薄弱的廢物」。

於是，為了填補未被滿足的情感，就沉迷於壞習慣了。

●根據22年協助解決「依賴」和「時間管理」問題的經驗進行設計

正如之前提到的，我在研究所讀完心理學後，便成為一名臨床心理師。22年來，一直在第一線提供諮商。

我遇到許多人為「想戒卻戒不了」所困，與他們接觸後讓我注意到「不能光靠毅力」的道理。我發現只要知道更具體、有效的方法，就能「輕鬆戒掉」。只要了解方法，會「更容易戒除」。

本書所介紹的，正是這個**「有效的方法」，也就是「認知行為療法」**。這是一種備受世界矚目的諮商技術。

如今，認知行為療法作為問題行為的改善計畫，已被全日本的監獄、保護觀察所、少年觀護所等機構採用。

我一直在這個領域，支援有吸毒和性侵問題的人進行認知行為療法，以防止同樣的問題再次發生。

全日本的機構在降低再犯率方面也取得了成效。

換句話說，它有助於改善重度的依賴（俗稱為成癮〔Addiction〕，但世界衛生組織現在改以「依賴」取代）和問題行為。

但是，一般大眾卻還不知道認知行為療法**「能有效幫助我們戒除想戒的行為」**。

不僅如此，就算想利用認知行為療法來治療戒除行為，日本也還非常缺乏這樣的機會。

因此我想，若是以書籍的形式呈現出來，或許就能讓更多人認識此療法。

但是，在製作這本書時，有個問題令我感到猶豫。

●自己實踐認知行為療法，輕鬆地轉變成「新的自己」

我自己也曾被認知行為療法所拯救。它幫助我戒掉許多想戒的事物。

連以前最愛看的電視也完全不看了。因此，我才能把時間花在寫作上，實現我的出書夢想。

但是，我也曾有克服不了的「想停卻停不下來的行為」。

儘管我「知道」可以透過認知行為療法來戒掉想戒的行為，但我並沒有將它「實踐」在某部分的行為上。

而那個行為就是「不要吃太多」，換言之就是節食。「好吧！我也只能做了！」

在寫這本書的同時，我決定要實踐它。因為我覺得，假如我自己都沒做，卻要請大家去做，那也太不合理。

我目前瘦了9公斤，表示書中的方法沒有錯，讓我鬆了一口氣。這樣一來，總算能驕傲的說自己是個「正在實踐」的專家了。

接下來換大家做了。

每天請花3分鐘做筆記，克服想戒除的行為。

首先，請透過本書去了解「啊，原來不是因為我意志力薄弱，才會戒不掉」的道理，**將自己從自責的感受中釋放出來。**

接著，請懷抱希望，相信**「只要知道如何利用人腦的運作機制，就能輕鬆戒除」**。

那麼，就讓我們一同向前邁進吧。現在是時候奪回自己的時間了。一定能改頭換面成為新的自己。

中島美鈴

目次

第2章

戒掉壞習慣的祕訣是「同時滿足慾望！」

～「戒不掉的理由」與「如何尋找替代行為」～

第3章
1天3分鐘！戒除筆記的寫法
～只需寫下4項就能戒除的「書寫式認知行為療法」～

第4章
擺脫對遊戲的沉迷！
～玩著玩著一天就過去了——海斗先生的筆記～

第5章

擺脫對社群網站的沉迷！

～正在準備證照考試，卻還是會不小心逛起社群網站——日奈小姐的筆記～

第6章

擺脫對影視的沉迷！

～看太多外國連續劇而睡眠不足——直美小姐的筆記～

第7章

擺脫對酒精的依賴！

～健康檢查建議應該戒酒，卻無法減少飲酒——建一先生的筆記～

第8章 擺脫暴飲暴食的習慣！
～無法停止暴飲暴食──陽子小姐的筆記～

製作　森下裕士
內文設計／DTP　System tank（野中賢）
插圖　伊藤カヅヒロ

第 1 章

讓臨床心理師教你現今最輕鬆的「戒除方式」

～遠離遊戲、社群網站、影視、酒精、暴飲暴食……，
爲了守護你的珍貴時間～

健身
學習
興趣
減肥
明明有一堆想做的事……。
遊戲
影片
SNS
酒
暴飲暴食
時間被奪走了……。
明知不該做，卻不自禁地做了。
人都有這種習慣，對吧。
現在，就讓我來為你介紹
利用3分鐘筆記來擺脫壞習慣的技巧吧！

壞習慣的魔力就是即使知道不合理也「停不下來」

翻開本書的你，是不是每天都得忙於處理一大堆「該去做的事」呢？例如工作、家事、照顧家人等。

可能會覺得「好忙、好忙。原本想要念書、準備考試。」或是「想學一些副業的相關知識，卻沒時間。」

考證照、學英文、提升工作技能、學習商務知識、健身、減肥……。是否有一堆想做，卻做不到的事呢？

但同時，你是否也有這樣的煩惱呢？**「明明沒有多少時間了，卻無法停止滑手機。原本應該要拿這些時間，去做那些想做的事啊。」**

我們現代人很愛說自己「很忙」，卻又放不下社群網站、老是看起影片、飲酒過量、沉迷於遊戲。宛如時間在違反我們的意願下，不斷地消失。

本書將**針對「違背你的意願而流逝的時間」的問題，提供「如何取回時間控制權，豐富自己的人生」**的方法。

從心理學的角度解釋如何戒除想戒掉的習慣。

容我做個自我介紹。我是一名臨床心理師，主要的活動據點在日本的福岡。有一種發展障礙被稱作成人注意力不足過動症（ADHD），我專門為受此困擾的患者提供名為「認知行為療法」的諮商。

有些ADHD的患者會有沉迷遊戲、賭博或影視的問題。

有人一到假日動都不動，會在被子裡待一整天；有人因為不做家事或工作，而遭到解雇，或是因此跟家人吵架。

一直以來，我都在協助他們戒除想戒掉的習慣，找回自己的理想人生。

此外，我也會去保護觀察所，輔導想要戒掉興奮劑或大麻的人。

興奮劑和大麻都不是平時生活中會常常聽到的字眼，因此很多人都會覺得「這與我無關」。

但是，我越是傾聽他們的經驗談，越是**覺得「這跟我吃太多甜食的毛病，有著異曲同工的機制啊」**。其實，無法戒酒的人也是一樣。

即使明知這麼做會犯法而失去人生，卻戒也戒不掉。這是為什麼呢？它的背後有什麼原因嗎？

很多人即便因此而丟掉工作，失去家人和朋友、健康和金錢，卻仍然還想繼續使用禁藥。

而那些常見的壞習慣，雖然不至於觸犯法律，卻跟藥物濫用有非常相似的運作機制。例如：都已經得了糖尿病，卻戒不掉甜食；即便工作或課業並不順利，也無法停止玩遊戲；把酒擺第一，以至於犧牲了人際關係；就算負債累累也想繼續賭博……。

在本書中，我會根據迄今為止的臨床經驗，來解釋如何減少那些想戒掉的習慣，並說明其背後的理論，以及實際**「使用筆記本，自己實踐認知行為療法的技術」**。

讓我們一起努力，學習將時間花在自己身上，過得更加充實吧！

5個引發自我厭惡的典型習慣

「想提升自我，卻沒時間……。」

我經常會聽到這類的牢騷。雖然人們常說「時間是擠出來的」，但往往一回神，就會發現自己正在滑著手機、大玩遊戲，或是影片一部接一部看個不停，接著產生自我厭惡感。

明知自己在虛度光陰，但是究竟該怎麼做才能戒掉這些習慣呢？現在，就來介紹在本書中登場的5個人，以及令他們心煩的「想戒除的行為」。

同時，也會與各位分享這5個人慢慢減少想戒掉的習慣，進而使人生過得更充實的模樣。

【第1位】（於第4章登場）

一放假就只知道打電動的男性

海斗先生（假名，20多歲，消防員，單身，獨居）

海斗先生是一名男性消防員。年資邁入第2年的他，已經逐漸習慣這份工作，並感受到其中的價值。

但是，他對於自己度過假日的方式，卻隱約有「再這樣下去好嗎？」的感覺。

這是因為，海斗先生幾乎將休假所有的時間都花在玩遊戲上。

一般都是這樣度過他的休假日：睡到快要中午，即便醒了也要反覆睡個一、兩次回籠覺，直到想上廁所才起床。上完廁所後，連飯也不吃，就直接躺回被窩中，開始玩起遊戲。

一旦開始玩遊戲，大概就會持續到深夜。等到回過神，才發現自己整天只喝了汽水，連窗簾都沒拉開，而假日就這樣結束了。

【第2位】（於第5章登場）

正在準備考證照，卻會不自覺地使用社群網站的女性

日奈小姐（假名，20多歲，上班族，單身，住老家）

日奈小姐是一名資歷3年的上班族，平時與家人同住。由於父母會擔心，所以不論是就讀的大學還是就業的公司，都在從老家通勤到得了的地方。

她從小到大都住老家裡。與父母、祖父母一起住在傳統的日式房屋內，但在日奈小姐心中其實暗藏著她所嚮往的生活。

其實，她很想體驗時髦、自由的獨居生活。因此她沉溺在社群網站的世界中，以此撫平心中的不滿。

原本應該花在念書、考證照上的時間，都被她不自覺地花在社群網站上了。

【第3位】（於第6章登場）
看太多外國連續劇而睡眠不足的女性
直美小姐（假名，40多歲，打工族，已婚，與丈夫同住）

直美小姐有2個女兒。長女原本就在外地工作，而從這個春天起，次女也離家前往東京念大學了。最後，家裡就只剩夫妻倆了。

在此之前，她不只要做便當，還要接送女兒上補習班、學才藝、幫忙辦理入學手續、搬家等等，每一天都過得匆匆忙忙。

但是，女兒搬出去之後，家裡變得好安靜。彷彿是為了填補這個缺口似的，直美小姐開始迷上外國的連續劇。

雖然是1集時間僅30分鐘的連續劇，但是要追完全部就必須把一系列多達60幾集看完。

無論是煮晚餐、吃飯還是洗澡的時間，她都在追劇，就連在棉被裡也會抱著平板看個不停。

直美小姐常常看著看著，天就轉亮了。最近，她的身體也開始因為睡眠不足而感到疲憊不堪。

【第4位】（於第7章登場）

健康檢查建議應該戒酒，卻無法減少飲酒的男性

建一先生（假名，50多歲，公務員，已婚，與妻子、小孩同住）

建一先生是一名工作壓力很大的公務員。每天晚上喝點酒是他唯一的樂趣。

然而，前陣子的健康檢查報告卻建議他「每週應該讓肝臟休息一天」，連他唯一的樂趣都要奪走。

晚酌是他自己一直以來用來維持心靈平衡的方式，所以建一先生被此事煩得不知該如何是好。

【第5位】（於第8章登場）
無法停止暴飲暴食的女性
陽子小姐（假名，40歲，家庭主婦，已婚，與丈夫、小孩同住）

陽子小姐是建一先生的妻子。是位家庭主婦，有個正在念小學的孩子。每天除了要接送小孩去學才藝，還要忙著做家事。陽子小姐原本是一名銀行的行員，因結婚而辭職後，便一直在家當家庭主婦。

前陣子，丈夫的健康檢查結果顯示，他的肝臟負擔過大以及膽固醇過高。因此，陽子小姐的婆婆對她說：「妳做飯的時候能不能想想辦法？管理丈夫的健康是妻子的工作。」

她從以前就經常感受到這種壓力，卻沒辦法反駁，因此她選擇趁著半夜吃零食，藉此發洩心中壓抑的情緒。

你有從這5個人的故事中，找到令自己感同身受的狀況了嗎？或許也已經注意到這5人有共通的傾向了。

有類似這5個人所處狀況的人們，可以透過本書的內容學會慢慢戒掉「想戒的習慣」的方法。

現在，就來針對**「為何會養成那些想戒掉的習慣，想戒卻停不下來，使得『時間不斷消失』」**的背後原因加以解釋。

有一種時間會「快速」消失!?——「時間知覺落差」與「糟糕管理者」之混合

為什麼人在玩遊戲、逛社群網站、看影片、喝酒配甜食、賭博時，會覺得時間過得「很快」，彷彿消失了一樣？

花在這些所謂「想戒掉的習慣」上的時間，不覺得總是過得特別快嗎？

其實，這種**時間流逝的感覺（體感）就叫做「時間知覺」**。

相信大家的學生時代都有過這樣的經驗吧——望著時鐘，心裡想著「老師今天講話好無聊。這節課真是漫長」或是「咦？怎麼只過了20分鐘」。

這種時間知覺是由小腦控管的。嚴格來說，與小腦相關的時間知覺，是指相對較短的時間，也就是幾毫秒的程度。

比方說，在團體跳繩中，當前一個人跳完，輪到自己時就需要判斷跳進去的時機。像這種跟運動、連動的時間知覺，據說就與小腦有關。

小腦會有個體差異，那些**「常常錯估時間的人」、「本來打算小憩一下就好，但一回神才發現已經過了1小時的人」、「覺得自己已經加緊準備，卻還是來不及的人」……，都可以說是這種時間知覺不正確。**

被診斷出患有ADHD的人來找我諮詢時，大多都會說：

「我的時間知覺很差，因此，即使制定了計畫，也無法如期進行。我已經對制定計畫感到厭倦了。」

但其實，引起這些麻煩的原因，並不完全都只是小腦的錯而已。

小腦只不過是負責用體感來感受時間的部位。若要訂立複雜的計劃，則需要前額葉皮質中的幾個部位來控制。

我們在做咖哩飯時，通常都會有好幾個步驟。先準備食材，再切、炒、燉煮與調味……，與此同時還要煮米飯。

像這樣**制定一系列的計畫，並管理我們依序執行，都是由「執行機能（Executive function）」所負責**的。

這個名詞也會出現在失智症相關領域之中。多虧了這個執行機能，我們才能在學生時代分配、管理自己的時間，排定考試前的讀書計畫，或是依照擬好的計畫一步步地完成暑假作業。

就算換成是工作上的長期計劃也一樣。假如不能好好使用執行機能，推行時就會變得很困難。

在執行機能中，**像「這個時間以前」、「期限以前」這種意識到時間的功用，就叫做「時間管理」，**而根據心理學家克拉森斯等人的說法，這在學術上被定義為「為了達成目標而有效利用時間的行為」。

心理學家貝林、布里頓、伯特、托爾曼等人的研究顯示，人若具有良好的時間管理，則**更容易提升工作或學業上的成績**；而心理學家馬坎發現，它可以**增加工作滿意度，並減少壓力**。

腦部的小腦和前額葉皮質會從一個人的出生到20幾歲後期，透過經歷各種經驗而慢慢發育成長。

例如可能在小學時，記住了「一節45分鐘的課，大概是這麼久」的時間知覺，或是在面對留到最後一天的暑假作業時，學到了「暑假不會永遠持續下去」。

到了高中左右，可能會發現「奇怪？為什麼每到考試前，就會開始整理書桌呢？」或是「在學習不擅長的科目時，總是比計畫中還要花時間」、「原來拖到最後一刻是這種感覺」等等，然後根據各式各樣的經驗，一點一點地修正自己的感覺，變得更加善於計畫。

大部分的人都會透過經驗、透過犯錯或成功來學會時間管理，而不需要特別透過教導學習。

然而，有些人卻無法僅透過父母或老師的精神激勵——「集中精神，繼續努力啊」，就學會時間管理。

這些人到了上大學的年紀後，可能需要面對首次離開父母、不得不靠自己打理一切的生活，而其他人也會對他們寄予厚望，期待他們能夠「自己起床，並利用抵達時間來逆推出發時間，以準時抵達目的地」、「由考試日期往回推算，並依此制定讀書計畫」、「在工作、家事以及養育兒女之間取得平衡」。此時，他們的生活也許就會開始出現差錯。

「正確的建議」不如「不仰賴毅力的技巧」

那麼，為何時間管理會不順利呢？其中一個原因跟我們的「腦」有關。

目前已知，ADHD患者腦中的執行機能並沒有好好運作。若拿患有ADHD的兒童與健康兒童做比較，便會發現他們的時間知覺並不正確。

雖然無法從根本上解決這些腦部功能的問題，但我們可以根據腦部的特徵，來訓練他們如何進行時間管理。具體的做法如下：

- **掌握任務全貌**
- **由截止時間逆推回去，計算出可以花費在任務上的時間**
- **選出可以在限定時間內完成的方法**

- 將任務分解成好幾個小任務
- 預估各項小任務所需的時間
- 注意時間，管理進度
- 若有需要，則變更計畫
- 避免偏離計畫而集中注意力

試著寫出來後，就會發現時間管理是件多麼複雜的工作了。

在過去幾年之中，我一直在舉辦時間管理研討會，教導大家按照這些步驟逐一學習掌握技巧。

許多參加者都成功掌握了時間管理技巧，說自己「不會再忘記和朋友約好的時間了」、「終於把拖著不整理的房間打掃乾淨了」、「每天都能像這樣照計畫進行，是種幸福」。但是，我也從部分的參加者中，聽到了這樣的心聲。

「原定計畫是早上起床後開始打掃房間，但我不小心睡了回籠覺，之後就一直待在被子裡玩手機了。」

「原本打算下班回家後，要快點洗澡、吃飯，然後開始唸書，為考證照做準備，結果卻看影片看到打瞌睡。等回過神時，已經是半夜2點了，我卻連澡都還沒洗。我討厭這樣的自己。」

沒錯。不管在時間管理研討會中，學會了多少時間管理技巧，那些「想戒掉的習慣」還是會偷走我們的時間。

智慧型手機、影片、遊戲、暴飲暴食、酒……，我們優先處理的，都是各式各樣的壞習慣，而不是計畫中的事。

起初，我並沒有將這種情況看得太嚴重，於是這麼說了：

「試著把手機放遠一點呢？」

「想像一下拿起手機的結果，以及不碰手機、迅速展開行動的結果，然後做出選擇就行了吧？」

一部分的人聽從此建議後，成功擺脫了想戒掉的習慣。但大多數的人還是說：

「怎樣都戒不掉。」

我瞭解到，這是一個無法單靠時間管理就能解決的問題。因此我開始認真面對所謂的成癮（Addiction，特別偏好某些東西的習慣）問題。

接下來，為各位介紹能夠幫助戒掉壞習慣的認知行為療法。如果你覺得「時間都不見了」，那麼建議你可以先從減少「想戒掉的習慣」開始著手。請透過本書學習這些技巧。

接著則是學習時間管理，如此一來，就能順利進行了。

自己也能用「書寫式認知行為療法」來告別「想戒除的行為」！

如何停止想戒掉的習慣呢？本書推薦使用「認知行為療法」。

這是一種諮商方式，它可以引導我們重新檢視認知（看待事物的方式）與行為（處理事物的做法），妥善排解壓力、使心情放鬆。

在認知行為療法當中，本書使用了一種叫做「功能分析」的方法，也就是關注並探討——

「你究竟想透過這個行為獲得什麼？」

功能分析可以幫助我們重新檢視，該行為是否發揮了自己所期待的作用。

功能分析是現在備受矚目的方法之一。刑事機構、少年觀護所也將它運用在性犯罪、性侵害、藥物濫用的輔導程序中。

尤其，本書所探討的「戒不掉的習慣（壞習慣）」雖然是以「行為」呈現出來，但是大多數的人還是不明白「為何這麼難戒掉呢？」而這在專業領域中就被稱作**外化行為障礙**。

這代表，心中的某些問題（如壓力等），以「行為」這種可見的形式顯現出來。

而**功能分析擅長的，正是對付外化行為障礙**。

順帶一提，「我為什麼是這種個性」或「人際關係使我悶悶不樂」之類的煩惱，則是屬於內在煩惱。當事人也不清楚自己為何會沮喪、到底在煩惱什麼。而這種問題就叫做**內化障礙**。

一般來說，本書中討論的外化行為障礙，得先透過分析「為什麼持續做那個行為」、「背後隱藏了何種動機」，才能在某個層面上喚醒內在的感受。

比方說，**治療的第一步就是讓患者注意到「我之所以會沉迷於看影片，原來是因為我很寂寞」。**

雖然這一點跟內化障礙的認知行為療法大相逕庭，但是只要第一步使用了功能分析，之後就會順利許多。

從第2章起，會針對功能分析加以舉例與說明。

接著會再告訴大家，如何每天花3分鐘寫筆記，利用方法來自己進行功能分析。

第 2 章

戒掉壞習慣的祕訣是「同時滿足慾望！」

～「戒不掉的理由」與「如何尋找替代行爲」～

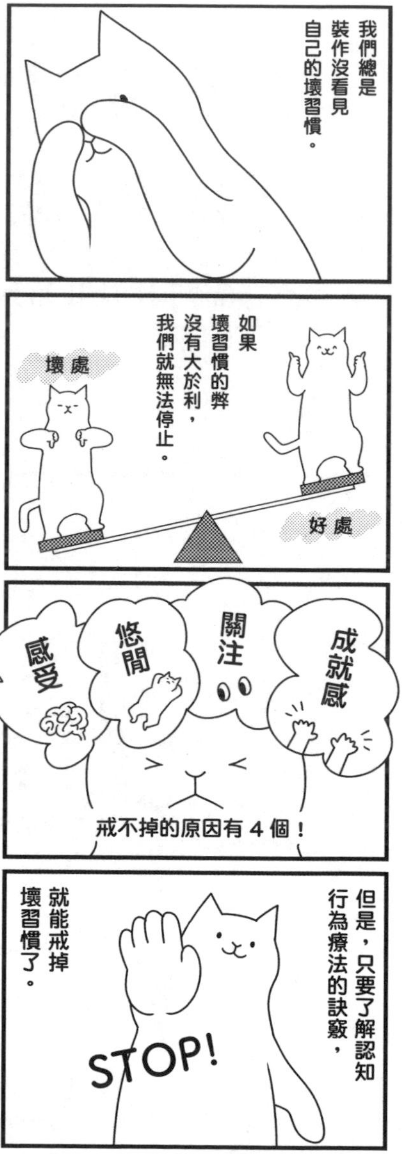

「假裝沒看到」與依賴的關係

請你試著想像一下。

假如有人針對你戒不掉的習慣，問你：

「為什麼你想戒掉，卻不停下來呢？」

你會怎麼回答？

這恐怕會讓你覺得自己受到責備，感到生氣、羞愧或自責，總之應該是不會有好心情的吧。

有些人可能會這麼反駁：「你又沒做過○○，怎麼會懂我的心情。」

在協助興奮劑或是大麻的使用者克服對這些物質的依賴時，我就很常聽到他們對我說這句話。

確實，我因為沒做過而不知道那是什麼感受。

我也曾經想過：「如果我也有使用經驗，就會更了解他們的心情吧？」但這麼做的話，我就無法繼續做這份工作了。

總之，我們都不想聽到別人來評論自己想戒掉的習慣，而且我們自己也不想承認停不下來這件事情。

這是因為，「想戒掉的習慣」就像是自己的「缺點」一樣。

因此，我們不討論它，對它視若無睹。**然而，這種行為反而會把問題搞得更加地**

複雜。

很多人嘴上都會說「忘掉興奮劑的事，好好活下去比較好」，卻再度對毒品伸出手，或是在戒除期間產生飲酒量增加等另外的問題。

同樣的，「既然是看影片看太多，那把手機丟掉就解決了。」就算下了這樣的決心，下次還是會在不同的裝置上觀看影片，或是不收看影視卻變成用購物依賴來取代。現實就是難以盡如人意。

關注戒不掉的行為所帶來的「好處」！

為什麼不能只想著「要忘掉那些戒不掉的行為、習慣」呢？

人類是聰明的生物，要是知道戒不掉的行為、習慣所帶來的利沒有大於弊，就不會繼續執行該行為。

換句話說，如果菸、酒、熬夜、甜食……所帶來的**好處（例如：瞬間快感、逃避**

現實）大於壞處（例如：不健康）的話，那當然戒不掉。

尤其那些衝動性「對短期利益趨之若鶩」類型的人，更是如此。

正因為只注意短期利益（例如：電動遊戲裡的等級提升），而不太關心長期弊害（例如：工作或家事做不完），所以才會肆無忌憚地繼續做那些擺明是「弊大於利」的行為。

另一方面，那些戒不掉的行為背後都有「利」存在，只要關注那些好處，就更容易戒掉那個行為。

這在心理學中，被稱作「功能分析」。

必須滿足慾望，而不是忽視它

接下來會對「功能分析」做進一步的解說。

假設，現在有個人想戒菸。

吸菸為這個人帶來的好處之一是「能獲得尼古丁」。不管旁人再怎麼說服他「吸菸會有肺癌風險」，只要他的身體覺得「需要尼古丁！」他就會想要再吸菸。

菸之所以難以戒除，是因為正在戒菸的人必須無視並壓抑「想要尼古丁！」的慾望。此時，尼古丁貼片就能派上用場了。

正視「想要尼古丁！」的慾望，並滿足它。這樣一來，戒菸者就算不吸菸也不會覺得難受，因此對戒菸相當有幫助。

接下來，請將此套用在「一個戒不掉觀看YouTube的女性」例子上思考看看吧。

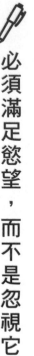

「真正想要的是什麼？」——與自己對話便能夠大幅邁進

請參考亞衣小姐（假名，20多歲女性，不動產公司員工，單身，獨居）的例子，並試著思考一下。

亞衣小姐自大學畢業後就一直在不動產公司工作。她負責處理一般事務，每天都得忙著管理大量的契約書和不動產資訊。

她是出社會後，才開始獨居生活。起初，她對於獨居生活也抱有憧憬和期待，但真的實現後，房間內不僅沒有精美的布置，還被弄得亂七八糟。

亞衣小姐回家之後就一直待在被窩裡看著YouTube。這並不是因為她有什麼想看的影片，而是一開始搜尋了美容的相關資訊，之後就繼續觀看YouTube上面的推薦影片而已。

雖然亞衣有意減少看影片的時間，但是周遭一安靜下來，她又會感到難以忍受、坐立難安。

而最糟糕的是，她應該要花時間念書，以考取工作上需要的證照，卻一直遲遲沒有動作。

世界上有許多像亞衣小姐這樣的人。

現在就連還沒上小學的幼童也會沉迷於 YouTube。

假設，亞衣小姐藉由觀看 YouTube 能獲得的好處是「排解寂寞」，這種逃避現實的原因。

那麼，與其限制自己「忍耐，不能看 YouTube！」倒不如去思考**「寂寞的時候可以找誰」、「我現在想見誰」，這樣戒除起來便會容易多了**。

戒除的過程就是像上述這樣，**第一步要先去找出戒不掉的行為對自己而言帶來了什麼樣的好處。**

而具體的做法是自問自答：

「YouTube是很有趣沒錯，但我在看影片時，究竟是在追求什麼？」

像這樣自我對話，或許就能找出「隱藏的利益」。

只不過，「真正想要的是什麼？」這個問題比想像中的還要困難。

畢竟在成年人的日常生活中，常常需要在工作時壓抑自己的心情，或是與其他人互相配合。

因此，接下來要介紹的是「無法戒除壞習慣的4個原因」，請找找「哪個與我最相似」。

無法戒除壞習慣的4個原因

無法戒除壞習慣的「4個原因」如下。

1　能迅速獲得成就感
2　可以和別人一起做／被關注
3　打發時間（逃避現實）
4　身體的感覺

接下來，請我讓一一說明。

● 1　能迅速獲得成就感

只要玩家肯花費時間、練習技巧或花錢課金，就能在遊戲中迅速提升角色等級，變得更強。

但在現實世界中，努力往往無法立刻獲得回報。

就算付出了百分之百的努力去練習棒球，也很少人能立刻變成正規球員；或是花了幾年去努力學習英文，也不見得能說出一口流利的英語。

相較於這樣的現實世界，遊戲世界裡比較容易獲得成就感。

遊戲**會讓人覺得，自己彷彿變成了超級英雄。這就是它吸引我們的地方。**

遊戲之外或許也可以套用這個說法。好比在社群網站的世界裡，只呈現出自己美好的一面來換取「讚」，打造成生活充實、自己所喜歡的自己。這和遊戲的世界很相似對吧。

還有，我們可以在影視串流服務中，把以前錯過的連續劇全部看完。漫畫和電影也是一樣。

另外，雖然YouTube等平台上的影片，大多都是10分鐘左右的短片，但是平台又會推薦相關的影片給我們。

只要東西具有一定程度的「故事性」，人就會被它吸引、被它引發心中的某種共鳴或好奇心。

心裡想著「好在意後續發展！」就能馬上觀看——這就是影視串流服務令人沉迷的關鍵。

假如是早期的連續劇，不管你多想知道後續發展，也得乖乖等下一集播出，即使很在意也只能過著日常生活，並靜待後續發展。然而，網路上的影片卻能無限且即時地滿足這樣的慾望。

一般來說我們都知道，**如果做某件事就能立刻獲得相對的報酬，好比升級，那麼人們就會越來越沉浸其中。**

相反的，**回報要是來得太慢，人們就會對它失去熱忱。**這就好比在一間公司裡工作，但再怎麼努力也不會調薪，薪水還不會按時支付一般。

順帶一提，賭博的機制就是：雖然不見得每次都有報酬，但只要隨機提供報酬（而且偶爾還會有非常高的報酬），這樣一來人們就會更加沉迷。

亞衣小姐之所以戒不掉 YouTube 影片，原因似乎就是「能夠立即取得美容資訊」

和「總覺得這麼做是有意義的」。

●2　可以和別人一起做／被關注

「那麼，今天晚上7點在遊戲裡會合吧。」聽說線上遊戲都是這樣，大家**一起相約在遊戲的世界裡遊玩或戰鬥**。

這當中甚至有人對遊戲沒興趣，純粹是為了跟朋友交流而繼續玩的。

還有，當一個人在遊戲內變強後，他的粉絲就會增加，使他成為王牌般的存在。甚至還有些粉絲還會送上各式各樣的禮物給王牌玩家（可以在線上使用的儲值金代碼等）。他們就很有可能會沉迷於這種關注吧。

此外，也有人覺得，社群網站上的按讚數或跟隨者人數會影響自己的風評。有些人外出用餐時，一心只想拍照上傳到社群網站上，比起眼前的朋友，這些人更在乎社群網站。可以說**「想受到關注」**、**「想確認自己是否受到他人喜愛」**即是令他們沉迷的原因。

當戒不掉 YouTube 影片的亞衣小姐下班、回到獨居的家之後，便陷入租屋處寂靜的空間中。

只要播放YouTube，讓別人講話的聲音變成房間的BGM，就會覺得好像有人陪在身邊一樣。

●3 打發時間（逃避現實）

詢問那些沉迷於某事物的人：「為何總是在○○呢？」很多人都會回答：「因為很閒」、「因為無聊」。

其實，這是一個很萬用的答案，因為這樣回答很方便。對當事人來說，這是事實，而不是說謊。

然而，我們原本就不應該害怕「空閒」的存在。因為這是可以放鬆去做任何事情的自由時間。

但我們為何會有「想打發時間」的想法呢？

因為討厭無聊嗎？因為追求刺激嗎？還是因為覺得不能浪費時間呢？

恐怕是因為——沒有東西可以讓自己沉浸其中，而覺得很困擾吧。

只要沉浸在某事物中，就能轉移注意力、逃避糟糕與煩悶的心情，以及不願意面對的現實。

人只要一閒下來，便會無法繼續裝作若無其事，過去所掩蓋的不愉快現實都會攤在眼前。

比方說，工作不順心時，可能會令你痛苦到想忘掉這樣的處境。

而為了暫時忘掉那種心情，你也許就會埋頭玩遊戲或滑手機。

我在輔導他人時也遇過這樣的大學生。他徹夜打電動的原因就是因為「太討厭隔天的考試」。

除此之外，「菸、酒、賭博、甜食」或許也能套用在這上面。

戒不掉觀看YouTube影片的亞衣小姐，就是為了念書、準備考證照的事而憂煩得不得了。

逃進YouTube的世界裡，也許就能暫時忘記考證照的事。

然而實際上，每當一個影片播完，她就會被「唉呀，現在可不是做這種事的時候」的矛盾心情弄得鬱鬱不樂，然後又為了消除這種心情，而接著按下下一部影片的播放按鈕。

●4 身體的感覺

有一位正在育兒的女性說：「我感到很煩躁，所以我會趁全家人都熟睡之後大吃零食。」

仔細追問後發現，她在煩躁的時候，都會不停地吃著點心或零食。

或許是固定節奏咀嚼零食所產生的震動和口感，能夠幫她消除一點壓力吧。

有人說：「我喜歡喝酒後腦袋放空的感覺。」這也是身體的感覺呢。

當不小心做了戒不掉的事之後，像這樣把身體的感覺拿來當作理由，其實就是難以抗拒做那件事所獲得的身體感受。

不過，亞衣小姐戒不掉YouTube的原因並不包含此項。

這4個原因當中，有沒有哪個點醒了你呢？

應該也有人是「一次中4個」吧。

而毫無頭緒的人，不妨試著**「趁自己在做那些戒不掉的習慣時，仔細觀察一下自己的狀態」**。

例如，自己到底為什麼「一直滑著手機看個不停？」、「這麼做會讓自己有成就感嗎？」、「是在意後續發展嗎？」、「是想跟誰聯繫嗎？」、「是不是有什麼想要忘掉的事？」

請平靜地問問自己，戒不掉的原因究竟是什麼。

千萬不要對自己使用嚴厲的言詞，比如「不要老是只會在智慧型手機上看影片啦。廢物！」等等。

請試著使用更單純的問句，比如「嗯？我真的想看這個影片嗎？」或「咦？我現在想要的東西是什麼？」試著將焦點放在真正想要的東西上吧。

若沒有頭緒，就聚焦在「習慣的量」上！

有些人也許無法在前述的4個原因中找到自己符合的。遇到這種情況的話，就把注意力放在戒不掉的習慣的「量」上。

去回顧過去一個月左右，

「在哪一天會花很多時間做〇〇？相反的，哪一天花的時間比較短？」

舉例來說，亞衣小姐在回想花很多時間看 YouTube 影片的日子時，

「花最多時間看影片的日子，應該是上週五吧。那天被上司罵了一頓。下班後一直無法平靜下來、又很累，所以提早鑽進被窩裡。

本來打算睡覺的，可是又一直想起上司的臉，覺得很煩，所以才透過看影片來轉移注意力吧。」

——她可能會想起這樣的事。

相反的，她發現不怎麼看影片的日子，

「大家開開心心去吃烤肉那天，我都沒有碰手機耶。回家後也因為吃太飽，所以馬上就睡了。可能是不覺得寂寞才沒看影片吧。」

——也有發現這樣的事。

只要蒐集幾個花費時間長跟短的日子，就比較容易找到其中的共通點。

說不定還能藉此找到其他模式，好比「不只寂寞的時候會看影片，煩躁的時候也會看」等等。

有些人看到這裡，找到了「戒不掉的習慣」原因，也明白了它的觸發過程，便自然而然地減少了花在戒不掉習慣上的時間。

但是，**想建議大家去做的，是利用別的行為來滿足那個藏在「戒不掉的習慣」背**

後的**「真正的慾望」**。

這種行為叫做**「替代行為」**，意思是「用某個行為來取代那些戒不掉的習慣，並滿足相同的需求」。

正如同前文內容中提過的，若能找到良好的替代行為，就能更容易戒掉自己的不良習慣。

但是，要找到替代行為並不是容易的事情。因此，接下來會為大家說明如何尋找替代行為。

替代行為才是「戒除技巧」
——「不做〇〇」是無法達成目標的

「減肥時一直在忍耐，不敢亂吃，所以瘦下來了。但是之後，忍耐似乎造成反彈，食慾變得比以前更旺盛了。」應該有聽過這樣的說法吧。

正如這句話所示，為減肥所做的忍耐是很難持續下去的。

此外，根據認知行為療法，「不做〇〇」等形式的目標並不容易達成，例如「不再看影片」、「不吃」、「不喝酒」等。

這是因為，為了忍住不看影片、不亂吃的**那個時段，大家並不知道該去做些什麼事情才好**。

而如果將目標改成是「把以往看影片的時段拿來念書、準備考證照」，就會知道實際上該做什麼事了。

不過似乎也有人會說：「即使知道要念書也做不到，這讓我很困擾。」

其實在設定目標時，這個「改成做什麼事」的內容也很重要。

不改變前後文，替換掉該行為吧

假如設定的目標是「把以往看影片的時段拿來念書、準備考證照。」恐怕會以失敗收場。

這是因為，觀看影片的需求（真正想要的東西）並沒有被滿足。畢竟沒有人會在看影片的時候想著「好想念書、準備考證照啊」。「念書、準備考證照」只不過是腦中認為「必須要這麼做」的事，然而如同前文所述，正是因為有看不見的需求，才造成了不停看著影片的結果。

戒不掉YouTube影片的亞衣小姐回到家後，只有自己一個人的房間顯得特別寂靜，令她心神不寧。此時，只要不停播放有人在講話的影片，就產生了「分散注意力」，或是「即使有什麼心煩的事，也能在看影片時暫忘」等戒不掉影片的原因。如果是這樣的話，那麼她的需求就是：

- 太安靜令人心神不寧，所以想要做些什麼
- 有心煩的事想要忘掉

如果找到觀看影片之外的行為能滿足這些需求，那麼該行為就是替代行為。

舉例來說：

- 回家後，因為房間太安靜而令人心神不寧時，**只要播放音樂，**就不會漫無止境地觀看影片了
- 心情煩躁時，**先來杯熱咖啡，**讓自己暫時忘記這一切

請注意看，框起來的部分（替代行為）的前後文並沒有改變太多。

重點就在於**不改變前後（不改變該行為的功能與作用）**，並設定一個比起看影片**對自己更有益處的行為**。

跟花好幾個小時看影片比起來，音樂和咖啡並不會占用那麼多時間，而且也不會令人沉迷到無法開始念書、準備考證照。

但是，大部分的人都不會乾脆地說：「我同意！那麼從今天起，就不要看影片，改聽音樂、喝咖啡，之後就去念書。」大多數的情況，人們都不會真的去執行。

為什麼會這樣呢？

這是因為，那些人不習慣利用聽音樂、喝咖啡的方式來滿足需求。畢竟有些人對音樂毫無興趣，而喝咖啡也會牽扯到口味喜好的問題。

那麼，究竟該怎麼做才好呢？

尋找可行「替代行為」的4個訣竅

在思考該用什麼替代行為來取代想戒掉的習慣時，若能滿足以下的條件，就會進行得更順利。

接下來就讓我來介紹這4個條件。

●條件1　滿足想戒掉的習慣之功能

如同前文提到過的，**想戒掉的習慣有什麼功能（該行為的原因與發揮的作用），就要設定具有相同功能的替代行為，這是必要條件。**

假如一直看影片的原因是「太安靜令人心神不寧，所以想要做些什麼」，那麼所需要的行為就必須要能消除寂靜帶來的不安，好比「播放音樂」等。

●條件2　擅長且感興趣

不過，就算播放音樂可以幫助擺脫寂靜，如果是個對音樂毫無興趣的人，他也無法持續做「播放音樂」這個替代行為。

他搞不好還會覺得「吵死了」。

也許這個人相當喜歡動物，如果他能在獨居的房子裡養隻貓，因為有貓在家裡等他下班後回去，那麼跟貓玩耍或許就能讓他平靜下來，而跟貓玩耍的這個替代行為也能維持下去。

但是，很多人在被問到「擅長的事」或「感興趣的事」的時候，自己也對此感到很疑惑。

我彷彿能聽見他們說：「沒什麼特別擅長的。因為沒有半個能自豪的技能，所以才想念書、考個證照。」

其實不必把這個問題的難度弄得那麼高也沒關係，只要依據過往的經驗，從中找出自己比較擅長的事就行了。即使那些不是什麼值得跟外人大肆炫耀的普通技能也沒有問題。

個人史
幸福時和不幸福的時期

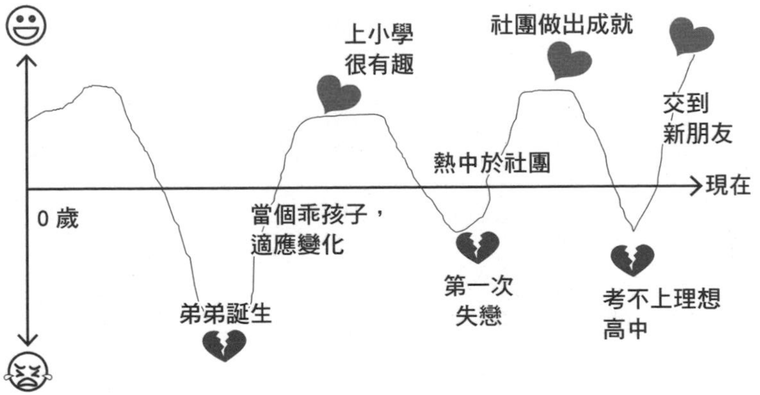

因此在此提出的建議是：**試著寫出簡易式的個人史**，也就是從出生至今的「人生起伏圖」。

縱軸代表幸福度，橫軸代表時間。

如果說上面是幸福，下面是不幸福，那麼你會畫出什麼樣的曲線呢？

上圖是戒不掉YouTube影片的亞衣小姐所畫的「人生起伏圖」。

首先，要關注圖表中的高峰部分。

試著回想，當時使自己感到「幸福」的「契機」是什麼。

以亞衣小姐的例子來說，她的契機就是小學時代天天跟朋友一起玩跳高，以及中學時代加入排球社，和社員們一起打進縣運動會。

有多個高峰的人，請試著分析各個高峰期的回憶是否有共通的特徵。

就亞衣小姐的情況來看，共通點似乎是「跟大家一起」。換句話說，她是這種類型的人——和大家一起開心地做一件事、取得成就，便會感到很幸福。

當然，她早已具備與大家共同合作的能力。因此，以**「大家一起開心地完成某件事」**當成替代行為，似乎是個不錯的選擇。

比方說，下班後安排一些排球或其他團體競技運動，藉以揮灑汗水，來取代影片看個不停的行為。

●條件3　無法跟想戒掉的習慣並存

如果**物理上無法同時做**「想戒掉的習慣」和「替代行為」，那就更好了。

舉例來說，假設有個女生一直都是使用 iPad 不停地看影片，那麼當她用那台 iPad 跟家人、朋友視訊通話時，便無法觀看影片。因為就算想看也看不了。

有些人會使出更激烈的手段，好比關掉家裡的 Wi-fi；或是把 iPad 放進帶有定時鎖的容器中，讓自己整晚都拿不出來。

這種在物理上阻止該行為發生的方法相當有效。當然採用這種做法時，非常重要的一點是，也要記得去滿足自己真正的慾望。而不是純粹地限制自己，讓自己想看也看不到。

●條件4　獲得他人的讚賞

比方說，你如果跟獨居在遠方的爺爺進行視訊通話，那麼爺爺一定會感到非常高興，而父母跟兄弟姊妹也會感謝你關心爺爺是否安好。

像這樣，即使是「為了不要漫無止境地看影片的替代行為」，若能自然而然地受到他人的感謝、讚賞，或是讓自己得到好處的結果，這個替代行為也就會比較容易堅持下去。

即使替代行為無法滿足全部4個條件也沒關係，只要能稍加留意這些條件，就能有效取代想戒掉的習慣。

在本章中，我們了解到「首先找出並分析背後的原因（行為的功能），再以能滿足它的其他行為來取代」是非常重要的一件事。

再來，我們也學到，假如那個其他行為是「擅長且感興趣的」、「無法跟想戒掉的習慣並存」、「自然會獲得他人的讚賞」，就會更容易持續下去。

在下一章中，將會介紹「3分鐘戒除筆記」的寫法，讓大家在平時也能獨力完成這些步驟。

第 3 章

1天3分鐘！戒除筆記的寫法

～只需寫下4項就能戒除的「書寫式認知行為療法」～

現在就來介紹大家期盼已久的筆記吧。
不好意思，還沒跟大家介紹，我叫戒除貓。
請準備：普通的筆記本跟筆。
請在一天結束的時段書寫筆記。
要寫的事有4項！
每1項寫1行左右即可！
1
2
3
4

這次一定要戒掉！自己也能做的認知行為療法

在前面的章節中，我們學到想戒掉的習慣背後都有隱藏的原因（行為的功能），只要用能夠滿足隱藏原因的「其他行為（替代行為）」來取代，人們也就會比較容易戒掉壞習慣。

在本章中，會介紹「3分鐘戒除筆記」該怎麼寫，這個筆記有助於戒除想戒掉的習慣。

只需要一本很普通的筆記本和一支筆，**自己就能做到1天3分鐘的認知行為療法，幫助擺脫自己的壞習慣。**

首先，請準備好普通的筆記本和筆。

如果日計畫手帳本附有筆記欄，那也可以寫在那邊。

為了確保每天都能輕鬆寫筆記，利用筆插之類的東西將筆固定在筆記本上。

此外，也建議可以先決定好寫筆記的時段。

由於這是用來回顧你如何度過一天的筆記，所以要**盡量將寫筆記的時段設定在一天結束之時**。

比如說像這樣安排，「晚餐後，邊喝茶邊寫」、「整理明天出門物品的準備時間」、「睡前在床上寫」等等。將寫筆記與既有的生活作息結合，就比較容易養成寫筆記的習慣。

這樣就準備完成了。終於要在筆記本上書寫了。

簡單扼要！戒除筆記的「內容」與「寫法」

在筆記上標出日期，再寫出下列4件事。

●3分鐘戒除筆記的內容

1 今天發生的事（若與想戒掉的習慣有關，請畫○）
2 想戒掉習慣的量
3 真正想要的東西
4 替代行為（效果不錯的話，請畫○）

每1項寫1行左右。

不要寫太多，每一個項目盡量控制在2、3行以內。因為這樣會比較容易掌握每天的趨勢。

如果一開始有寫不出來的部分也沒關係。

接著，請依照下列步驟寫下筆記。

筆記的內容

日期	①今天發生的事（若與想戒掉的習慣有關，請畫○）	②想戒掉習慣的量	③真正想要的東西	④替代行為（效果不錯的話，請畫○）

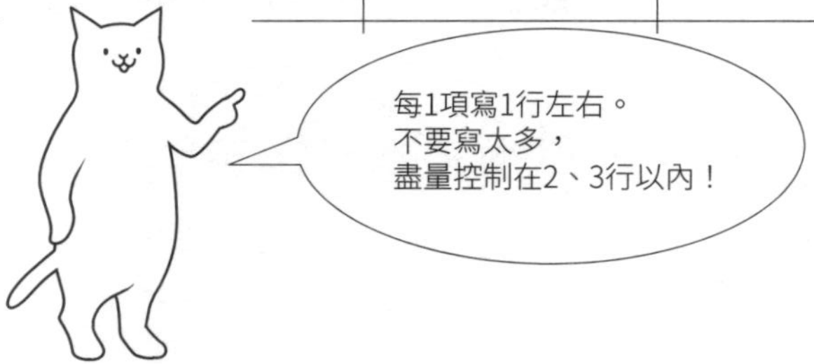
每1項寫1行左右。
不要寫太多，
盡量控制在2、3行以內！

●3分鐘戒除筆記的書寫步驟

步驟1　寫下今天發生的事
步驟2　記錄想戒掉習慣的量
步驟3　分辨出疑似會影響該習慣量增減的事情，並找出隱藏的需求
步驟4　找出替代行為，加以驗證

接下來，會一一說明這些步驟。

現在，我們再次請亞衣小姐登場，她因為老是在看影片而遲遲無法開始念書、考證照。來看看亞衣小姐的筆記寫了什麼吧。

【步驟1　寫下今天發生的事】

這個部分要填寫的是「日期」以及「1　今天發生的事（若與想戒掉的習慣有關，請畫○）」，記錄今天的主要事件。

簡潔地寫下發生什麼事，例如：7月22日**「工作出錯，被上司責罵」**。

【步驟2　記錄想戒掉習慣的量】

接著是記錄「2　想戒掉習慣的量」。

如果是看太多影片的人，就可以寫「看影片的時間」，假如觀看的時間點也有問題，那麼亦可寫下「看了幾次」或「在什麼時段觀看」。

若善加利用iPhone的「螢幕使用時間」功能，就能簡單得到數據。

如果是「吃的量」或「喝的量」則不必刻意計算，只要在不費事的單位範圍內記錄一下，例如：白飯1碗、啤酒3杯等，像這樣就行了。

影片看到停不下來的亞衣小姐，第一次試著記錄下自己觀看影片的時間。

於是她驚覺，自己在「從下班回家到就寢為止」的這段時間內，竟然**花了4小時**

在看影片。

對於老是在做的事情，我們會一下子就習慣它，而且往往不會注意到已經過量，或是早已陷入壞習慣常有的模式之中。

亞衣小姐自己也說：「好驚訝自己居然看了這麼久！」雖然受到了難以面對的衝擊，但這也是促使戒除的動機之一。

【步驟3　分辨出疑似會影響該習慣量增減的事情，並找出隱藏的需求】

讓我們再次將目光放在「1　今天發生的事（若與想戒掉的習慣有關，請畫〇）」上面。

在今天發生的事情當中，有沒有哪件事對「想戒掉的習慣」造成了影響？如果有的話，那是什麼事情呢？

亞衣小姐判斷，她之所以看影片看了4個小時，應該是與今天發生的**「工作出錯，被上司責罵」**事件有關。

就像這樣，有些發生的事情會促使想戒掉的習慣增加。

相反的，也有一些事情會促使想戒掉的習慣減少，好比**「和朋友聚餐」**或**「和上司交涉」**，似乎會使她減少觀看影片的時間。

由於兩者都是很重要的資訊，所以**在有關聯的事情前面要標上○**。

在做這件事的過程中，或許就能找出「3　真正想要的東西」。而亞衣小姐真正想要的東西，說不定是**「想要有人能理解自己」**。

看著筆記就會發現，「真正想要的東西」會一天比一天清楚。

實際上，只要觀察想看影片時的自己，便能注意到自己正在想著**「想要有人能同情痛苦的我」**。

【步驟4　找出替代行為，加以驗證】

最後一步，是思索可以改用什麼行為來滿足真正想要的東西。

想想看有沒有什麼行為比想戒掉的習慣更安全、更減少花費、更降低健康風險、更不容易破壞長遠的人際關係。

比如亞衣小姐所需要的是「想要有人能理解自己」，因此與其花費大把時間去看影片，導致睡眠不足，還不如去**「跟知心好友吃頓飯」、「跟同事吃午餐，順便發牢騷」或「跟上司商量」**，這一類的行為比較不會危害身體健康。

像這樣，想到什麼或許能讓他人理解自己的替代行為後，就實際去嘗試。然後，驗證也很重要。

而真的跟朋友去吃飯的那天，也就是7月25日**看影片的時間是0**。

因為用餐的時間不在家裡，所以算是物理上無法看影片。

但是，回家後之所以沒有看影片，而直接去洗澡、睡覺，或許就是因為感受到「朋友們理解我」的關係吧。

同樣的，在7月28日找同事發牢騷那天，觀看影片的時數也**從4小時縮短至2小時**。

而且，在7月29、30日，跟上司商量的那兩天，**影片觀看時間都是0**。可見這些事也成為替代行為了。

若替代行為之中有**進行得比較順利（能夠滿足需求，並降低想戒掉習慣的量）的**

行為，就替它標一個○。

等到下次又想做想戒掉的習慣時，就能直接了當地採取替代行為，而不必再次費神地找尋。

如果真的提不起勁做替代行為，那不妨參考第2章的「尋找可行『替代行為』」，試著以另一個角度來審視，好比「這是自己擅長或是感興趣的事嗎？」、「做那件事情能獲得他人的讚賞嗎？」、「這樣是不是就無法同時進行想戒掉的習慣了？」等等。

以亞衣小姐來說，由於她擅長「與他人合作，一起達成目標」，所以也適合召開讀書會，找報考相同證照的人一起讀書，或是在努力念書後，用聚餐犒賞自己。

亞衣小姐的筆記範例

日期	①今天發生的事	②想戒掉習慣的量	③真正想要的東西	④替代行為
7月22日	○工作出錯，被上司責罵	從回家到就寢，共看4小時	想要上司理解我。想要誰來安慰我	
7月23日	和同事吃午餐。聽說同事最近也因為出錯而被罵	睡前在床上看2小時	我可能是希望，不是只有我會因為被罵而感到沮喪？	
7月24日	○跑外勤跑一整天，超累	從回家到就寢，共看4小時	想放鬆一下吧？	
7月25日	普通的一天　跟朋友聚餐	沒看影片	想盡情聊天	○和朋友聚餐
7月26日	○工作很多，很不安	從回家到就寢，共看4小時	想逃離工作	
7月27日	去找上司商量工作量過多的問題，可惜沒有用	從回家到就寢，共看4小時	想要上司能理解我	找上司商量
7月28日	對上司感到不耐煩	睡前在床上看2小時	想要有人能理解我	○找同事發牢騷
7月29日	○再次將現況告訴上司，跟他交涉。這次比較順利	沒看影片	想要上司能理解我	○找上司商量
7月30日	○上司重新分配工作了	沒看影片	上司理解我了	○找上司商量

（※為了使範例簡單易懂，所以此表暫不考慮假日）

以上就是3分鐘戒除筆記的書寫方式。大家覺得如何呢？

說不定在一開始時，「步驟3　分辨出疑似會影響該習慣量增減的事情，並找出隱藏的需求」會令人有點不知所措。

這是因為目前只注意到自己的壞習慣而已，尚未發現「需求」藏在已化為習慣的行為背後。但是，還是請你堅持到底，持續觀察自己。

只要每天增添一行資料，就能越來越客觀地觀察自己。參考一下第2章的「無法戒除壞習慣的4個原因」，就能獲得提示。

持續寫筆記，筆記本上就會逐漸顯現出自己的模樣。**這應該能讓你發現自己意想不到的一面**。

本章解釋了3分鐘戒除筆記的寫法。

但真的要實踐時，還是得先看看跟自己有相似經歷的人是怎麼寫的，否則我想應該會很難以想像。

因此從下一章開始，會向大家介紹5位煩惱著戒不掉壞習慣的人，以及他們活用3分鐘戒除筆記後的變化過程。

第 4 章

擺脫對遊戲的沉迷！

～玩著玩著一天就過去了——海斗先生的筆記～

遊戲在不知不覺中成為重要的一部分

遊戲產業的發展令人大開眼界。

遊戲具有多種功能。有時是娛樂；有時能輔助健身，讓人持續運動；有時則具有社交連線場域的功能，能與他人一起在遊戲世界裡冒險。現在，遊戲在我們的生活中已成為很重要的一部分。

而另一方面，遊戲的弊害也顯現了出來。

首先，由於需要長時間盯著近處操作，因此據說與兒童近視有所關聯。

在成人方面，則產生了**「把本來應該要做的事擱置在一旁，一頭栽進遊戲之中」**這類的問題。

那些該做的事也許是工作、家事、育兒，或是跟某個重要之人的對話、約定。睡覺、用餐等讓身體休息的時間可能會因此減少，就連無所事事的放鬆時間也可能被剝奪。

在本章中登場的男性，就是把整個假日都拿來玩遊戲的人。後來他隱約覺得「這樣下去好嗎？」那麼，一起來看看他的例子吧。

滿腦子都在想著遊戲，海斗先生的一天

一放假就只知道打電動的海斗先生（假名，20多歲男性，消防員，單身，獨居）。

海斗先生是一名男性消防員。年資邁入第2年的他，已經逐漸習慣這份工作，並感受到其中的價值。

他從小就很活潑，並且擁有良好的運動神經，因此似乎很適合這份需要前往各種現場進行救援的工作。

但是，他對於假日的生活作息，卻隱約有著「再這樣下去好嗎……」的感覺。

這是因為，他幾乎將所有的休假時間，都花在玩遊戲上。

通常，海斗先生都是這樣度過他的假日：

睡到快中午，即便醒了也要反覆睡個一、兩次回籠覺，直到想上廁所才起床。上完廁所後，連飯也不吃，就直接躺回被窩中，開始玩遊戲。

一旦開始玩遊戲，大概就會持續到深夜。等到回過神，才發現自己整天只喝了汽水，連窗簾都沒拉開，而假日就這樣結束了。

應該有很多人會覺得，「上班那麼努力了，難得的假日要拿來做什麼都沒差吧」。海斗先生也是這樣想的。

不過最近，他的同學們開始陸陸續續地結婚，於是他想：

「咦？難道我要永遠過著這種生活？」

不過，他馬上就改變想法，覺得輕鬆過生活也不錯。他想起已婚的朋友在抱怨家裡的事，便想：

「算了，與其隨便找個不好的對象結婚，還不如維持現在這樣的生活就好。」

於是還是繼續玩著他的遊戲了。

某天，海斗先生的高中同學到他居住的城市出差，所以兩人相約晚上去喝個酒。對方是海斗的男性好友，這次是他們畢業後第一次見面。

他跟那位朋友約好，晚上7點在店門口碰面。

但是那一天海斗先生從白天就開始玩線上遊戲，而且一直無法停止。他在玩的線上遊戲，是在網路上跟同伴們一起冒險、戰鬥的類型。

他覺得，要是自己中途脫隊，不但會造成隊友們的困擾，還會失去這一整天努力弄到手的東西。

「再一下下、再一下下。」

直到快要來不及赴約的時間，他卻還是找不到停下遊戲的時機。

「為什麼當初不約晚一點啊……。」

心裡雖後悔，卻繼續玩著遊戲。最後還是以遊戲為優先，告訴朋友他會晚到。

即使晚上8點會合後，他也滿腦子都是遊戲的事，沒辦法好好聊天。

這位朋友剛結婚，所以都在聊他怎麼認識妻子、新婚生活以及剛誕生的孩子。

由於聊的都是海斗先生不怎麼感興趣的話題，所以他雖然嘴上說著恭喜，但其實心裡興趣缺缺地想著，真虧朋友有辦法忍受那種不自由的生活。

看到高中時一起胡鬧的同伴認真地建立家庭，讓他覺得很奇怪。同時這也讓他產生了「只有自己留在原地」的感覺。

走在回家的路上，海斗先生想著：

「啊——還是在家玩遊戲比較開心。必須把沒玩到的份補回來。」

到家後，他便玩得比平常更起勁。

為了找回遊戲與生活的平衡，於是開始寫筆記

海斗先生的心裡似乎有疙瘩——生活方式因人而異，所以過著一輩子單身、享受遊戲的人生也無妨。

但就算是這樣他的心裡也不舒坦。海斗先生一直無法肯定自己的生活方式。

除了跟朋友相約的這件事以外，公司的聚餐和前輩的釣魚或是旅遊邀約也讓海斗先生覺得很麻煩。因為他把所有的閒暇時間都獻給遊戲了。

由於一直過著這樣的生活，所以收假後都會因為睡眠不足而拖著沉重的身體，臭著臉去上班。

還不到30歲的他雖然對自己的體力有信心，但是最近也開始變得有點吃力了。

於是，海斗先生有時會這麼想：

「我到底在幹什麼！成天只會玩遊戲。但是我也想不出其他想做的事。」

他不知道該如何是好。

「但是，我好歹也是有工作的，也不討厭這樣的生活。工作時，就算面對討厭的人也得跟他往來。

所以，至少假日的時候想要自己一個人。想要沉浸在遊戲的世界中，而不必在意任何人。

不過，我想多睡一點，還想吃一些像樣的料理。也不想失去重要的友誼。」

雖然不太清楚自己的人生目標是什麼，但是他知道，自己想把私生活過得更人模人樣一些。

為了在遊戲和生活之間取得平衡，海斗先生決定試著寫寫「3分鐘戒除筆記」。

海斗先生的3分鐘筆記

海斗先生的筆記只記錄了休假的日子。

【步驟1　寫下今天發生的事】

7月23日	○沒什麼特別的事
7月27日	很閒，外面很熱
7月30日	沒什麼特別的事
8月1日	總覺得有點寂寞
8月6日	○去超市買東西
8月9日	○想到明天起要跟討厭的上司共事，心情低落
8月13日	○睡醒後跟朋友互傳訊息
8月15日	參加職員烤肉活動
8月19日	身體不舒服，一直躺著
8月21日	○招待朋友來家裡吃飯

海斗先生將生活重心擺在遊戲上，因此常常躺在床上玩遊戲，連出門買衛生紙等基本生活用品都不肯。

當然，他不換衣服、不刮鬍子、不洗臉，也不吃飯。他玩遊戲時頂多會起身上個廁所而已，也只靠著喝含糖汽水來抑制飢餓感。

因此，「今天發生的事」這欄可難倒他了。因此在第一天，也就是7月23日那天寫下**「沒什麼特別的事」**。

「我的假日還真的是什麼事都沒發生啊。」

他只意識到這一點，並感到很空虛而已。

到了下一個假日，他試著寫下**「很閒，外面很熱」**。開始瞭解到自己除了玩遊戲之外，什麼事都沒做。

但是請注意看，當記錄進行到後半部時，海斗先生的假日活動也慢慢增加。**他寫**

下許多活動，好比去超市採購、參加職員烤肉活動等。

此外，開始懂得審視自己的心情也是一大轉變，好比：**「明天起要跟討厭的上司共事」**。

【步驟2　記錄想戒掉習慣的量】

7月23日	上午11點睡醒玩到晚上12點睡覺
7月27日	上午11點睡醒玩到晚上12點睡覺
7月30日	上午11點睡醒玩到晚上12點睡覺
8月1日	下午2點玩到半夜2點睡覺
8月6日	下午4點玩到晚上12點睡覺
8月9日	上午11點睡醒玩到晚上12點睡覺
8月13日	下午2點玩到晚上12點睡覺
8月15日	回家後8點玩到半夜2點睡覺
8月19日	上午11點睡醒玩到晚上12點睡覺
8月21日	晚上11點玩到12點睡覺

在此之前他從來沒有記錄過自己的遊玩時數。筆記讓他注意到，在前幾個假日裡，**花在遊戲上的時間都長達13個小時。**

他也稱讚自己：

「我能克制自己只玩到晚上12點，真是厲害。」

線上遊戲的同伴們通常在晚上11點以後集合。深夜是最熱鬧的時段。

他能準時在晚上12點關掉遊戲，為隔天的工作養精蓄銳，真的是很了不起。工作對海斗先生而言就是如此重要。

「我要是沒當消防員，肯定會不停地玩遊戲。」

消防員這個工作可謂是海斗先生的天職。多虧這一點，他才能停下遊戲。

另一方面，他也產生了這樣的想法——

「話說回來，玩13個小時真的是有點誇張了。」

【步驟3　分辨出疑似會影響該習慣量增減的事情，並找出隱藏的需求】

7月23日	不知道
7月27日	打發時間
7月30日	打發時間
8月1日	跟線上遊戲的同伴交流
8月6日	大概是惰性使然
8月9日	逃避現實
8月13日	想和人說話
8月15日	厭倦了職場上的人
8月19日	不想做事
8月21日	想見到人

步驟3真的讓海斗先生想破了頭。因為他曾經認為，自己玩遊戲只是在打發時間而已。

但是他慢慢注意到，**自己很期待「跟線上遊戲的同伴交流」，還有「逃避現實，想忘掉明天的工作」、「厭倦了職場上的人」之類的事，都會影響到玩遊戲的時間長**

短。

當然，他也會重視自己想休息的需求，至少在假日能懶洋洋地放鬆，讓身心得到休息。

「也許我出乎意料的是那種會顧慮他人的人。然後因為對此感到疲勞，所以假日才想一個人待著。

但是，這樣做卻會讓我感到寂寞。線上遊戲的同伴跟現實中的朋友或職場上的人不一樣，我可以依照自己的節奏進行交流，不必太過顧慮他們，所以我才會迷上線上遊戲吧。」

海斗先生就這樣學會自我分析了。

他真正想要的東西似乎是跟職場上的人保持適當距離、與不必顧慮太多的人交流以及讓身心休息。

【步驟4　找出替代行為，加以驗證】

7月23日	
7月27日	
7月30日	
8月1日	
8月6日	○購物
8月9日	
8月13日	○跟朋友互傳訊息
8月15日	烤肉
8月19日	
8月21日	○做料理招待朋友來家裡做客

海斗先生找了一些讓身心得以休息的方法，能與不必太過顧慮的人一起度過假日，來替代玩遊戲。

8月6日那天，**去超市買生活用品。**難得在假日出門的他，光是好好洗臉、戴隱形眼鏡、換衣服而已，就讓他的心情為之一振。

以往若是要採購生活用品，他都只是下班時順便到便利商店買一買，因此久違地踏進寬敞的超市後，竟被琳瑯滿目的商品弄得眼花撩亂。

「真應該偶爾來一下的。本來只打算買衛生紙的……。對了，浴室用的清潔劑用完了。也想換牙刷呢，先買起來吧。」

海斗先生就這樣添購了不少東西，讓他突然像個過著充實生活的普通人一樣。

為了出門購物而花費時間在整理儀容和往返的交通上，因此這一天的**遊戲時數縮短了5個小時左右**。可見以此作為替代行為的效果相當不錯。

海斗先生原本對購物不感興趣，但是去了之後才發現，購物帶給他的滿足感比想像中的高。

8月13日，海斗先生因為前一天上夜班，所以很累。

他雖然沒有長時間玩遊戲的體力，卻**注意到自己想與人交流的心情**。能夠像這樣察覺自己的心情，可以說是一大轉變。

海斗先生忠實地面對他的心情，**傳了訊息給之前一起喝酒的那位高中同學。**雖然只是一句簡單的「下次再約」，但是與對方互傳幾則訊息後，就滿足了他想與人交流的需求。

那天玩遊戲的時間比**平常少了3個小時**。

8月21日，海斗先生進行了重大改革。

目前為止的替代行為有「購物」、「傳訊息給朋友」等，但這些都不算是他喜歡的事，所以他重新思索自己擅長什麼、對什麼感興趣。

在海斗先生所屬的消防局，值勤時常有為職員們做飯的機會，而他算是會做料理的人。而且，他也非常愛吃。

由於他最近感到有點疲勞，加上假日也不曾好好吃飯，所以他想為別人做一頓好吃的大餐，大家可以一起享用。

然後他也想到，如果能受到對方感謝，那該有多高興。這樣做的話，替代行為自然會獲得讚賞。

海斗先生馬上從智慧型手機的電話簿中，一一尋找能夠輕鬆相處的人。他因為工作是輪班制的關係，當休假排在平日時，都找不到人可以跟他一起度過，因此這也是導致他沉迷遊戲的原因之一。不過，他在通訊錄中發現學生時代的某個同學剛好工作也是輪班制、平日休假，於是**馬上就邀請對方來家裡吃飯**。

由於要招待朋友來家裡做客，海斗先生久違地認真打掃房間。他從來沒想過要邀請別人來家裡。看著變得乾乾淨淨的房間，讓他感到神清氣爽。接著做了他的拿手好菜——西班牙海鮮燉飯。

海斗先生的朋友也是一個人住，有好一陣子沒吃到別人做的菜了，因此顯得非常開心。兩人大聊特聊著學生時代的事，藉此機會相約以後放假時要經常一起出來玩。

當天朋友回去之後，他還是玩了一下遊戲，但**已經不會像以前那樣對遊戲如此執著了**。因為現實中的朋友已滿足他的需求。

那一天，海斗先生懷著滿足的心情，在舒服的疲勞感中睡著了。

海斗先生的筆記範例

日期	①今天發生的事	②想戒掉習慣的量	③真正想要的東西	④替代行為
7月23日	○沒什麼特別的事	上午11點睡醒玩到 晚上12點睡覺	不知道	
7月27日	很閒，外面很熱	上午11點睡醒玩到 晚上12點睡覺	打發時間	
7月30日	沒什麼特別的事	上午11點睡醒玩到 晚上12點睡覺	打發時間	
8月1日	總覺得有點寂寞	下午2點玩到 半夜2點睡覺	跟線上遊戲的同伴交流	
8月6日	○去超市買東西	下午4點玩到 晚上12點睡覺	大概是惰性使然	○購物
8月9日	○想到明天起要跟討厭的上司共事，心情低落	上午11點睡醒玩到 晚上12點睡覺	逃避現實	
8月13日	○睡醒後跟朋友互傳訊息	下午2點玩到 晚上12點睡覺	想和人說話	○跟朋友互傳訊息
8月15日	參加職員烤肉活動	回家後8點玩到 半夜2點睡覺	厭倦了職場上的人	烤肉
8月19日	身體不舒服，一直躺著	上午11點睡醒玩到 晚上12點睡覺	不想做事	
8月21日	○招待朋友來家裡吃飯	晚上11點玩到 12點睡覺	想見到人	○做料理招待朋友來家裡做客

容易沉迷於遊戲的人都有的共通點

我見過許多沉迷於遊戲的人，並發現了他們的共通特徵。

起初我曾經認為：「這些人只不過是沉迷於一種名叫『遊戲』的東西而已，他們應該都是容易熱中於某事物、喜愛研究的人吧。」

以為那些三分鐘熱度或三心二意的人並不會迷上遊戲。

不僅如此，我還以為，具有「宅」氣息的人最容易沉迷遊戲。

但實際上是，並非只有上述的人會迷上遊戲，其他類型的人也會。

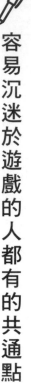

連從小活潑好動，還曾從高處跳下來摔傷自己的超級戶外派人士，都會說：「其實我沉迷遊戲……。」

他們過的生活是那種，假日整天都窩在床上玩遊戲、旁人想像不到的無趣生活。

大部分的人都會安慰說：「那個人年輕的時候玩得更瘋，現在應該算是有沉穩一點了吧。」然而實際上，當事人往往都有「自己到底怎麼了」的煩惱。

遊戲具有擄獲人心的魅力，即使是不曾熱中於讀書或是任何特定愛好的人，也有可能沉迷遊戲。但是仔細聆聽他們的心聲後便會發現，**很多人都是在人生不順遂之後才開始更加沉迷。**

在工作上失去自信、婚姻生活不美滿、失去親朋好友等原因，讓他們漸漸覺得自己被社會拋棄，拉長了獨處的時間。

在這種狀況下，與其說是沉迷於遊戲，倒不如說是容身之處只剩遊戲中的世界了。雖然很悲哀，但是像這樣的成年人正在增加中。

會沉迷遊戲的3個原因？

那些跟海斗先生一樣沉迷於遊戲的人，究竟想從中獲得什麼？

現在就來介紹3個常見的「沉迷遊戲的原因」，會從先前曾介紹過的「無法戒除壞習慣的原因」中，選擇適用於遊戲的。

【戒不掉遊戲的3個常見原因】

1 高成就感！（獲得活動）
2 可以和別人一起做／被關注（社會性關注）
3 打發時間（逃避現實）

接下來，將一一加以解說。

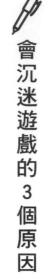

●1 高成就感！（獲得活動）

只要玩家肯花費時間、練習技巧或花錢課金，就能在遊戲中迅速提升角色的等級，變得更強。

在現實世界中，努力往往無法立刻獲得回報。

就算付出了百分之百的努力去練習英文，也未必能讓成績立即變好；或是花了幾年去努力練習籃球，也不見得能成為正規球員。

努力往往沒有回報，而且還得花費時間。

相較於這樣的現實世界，遊戲世界裡比較容易獲得成就感。

遊戲會讓人覺得，自己彷彿變成了超級英雄。這就是它吸引我們的地方。

●2 可以和別人一起做／被關注（社會性關注）

「那麼，今天晚上7點在遊戲裡會合吧。」聽說線上遊戲都是這樣，在上面認識的朋友會一起相約在遊戲的世界裡遊玩。這當中甚至有些人只有線上遊戲裡的朋友。

據說遊戲中還有種機制，當一個人變強後，他的粉絲就會增加，使他成為王牌般的存在。

有些粉絲還會送上各種禮物給王牌玩家（可以在線上使用的儲值金代碼等）。**很可能會沉迷於這種關注吧。**

●3 打發時間（逃避現實）

說到沉迷遊戲的理由，很多栽進遊戲的人都會這麼說：

「只是在打發時間。」

海斗先生也這麼認為。其實，這是很常見的答案。**因為這樣回答很方便。這不是謊言，而且是相當認真的回答。**

我們根本不該害怕「空閒」。因為這是可以放鬆做任何事的自由時間。

但是我們為何會有「想打發時間」的想法呢？

因為討厭無聊嗎？因為追求刺激嗎？還是因為覺得不能浪費時間呢？是因為沒有東西可以讓自己沉浸其中，而覺得很困擾吧。

只要沉浸在某事物中，就能轉移注意力，逃避糟糕的心情、煩悶的心情以及不願意去面對的現實。只要一閒下來，便無法裝作沒事，過去掩蓋的不愉快現實都會攤在眼前。

假設在工作時一直被罵，那麼你或許會痛苦到想要忘記自己的處境。而為了暫時忘掉這種心情，可能就會栽進遊戲之中。

這3個原因當中，有沒有哪個符合你的情況呢？雖然遊戲本身很好玩，但是你或許也有其他真正想要的東西，請試著想一想。

幫助擺脫沉迷遊戲的替代行為

現在，要針對各種讓人想玩遊戲的原因，提出有效的替代行為。

●「高成就感」的因應之道

遊戲都是經過非常巧妙的設計，能讓人獲得成就感、想繼續玩下去。我很佩服這一點。

而防止沉迷遊戲的方法就是「也在現實生活中採納遊戲『吸引人的機制』」。

具體來說，很重要的是——

「將大任務分割成小任務，並分配獎勵，好讓努力能夠立刻換來相對的回報。」

例如，雖然健身10分鐘也無法立即練出結實的身體，但是可以準備一個月曆，在做了50下伏地挺身的那天貼一張貼紙。建立獎勵規則，集滿10張貼紙就能「去看棒球賽」之類的。

很多人學了幾年的英文，也不見得能夠講出一口流利的英語。假如每天安排25分鐘的線上英語會話，就可以看到累計的學習時數，或是集點排行榜。利用這些系統也是不錯的選擇。

此時的關鍵在於，**將「健身」這個模糊的大任務，分解成像「做50下伏地挺身」的小任務。**

同樣的，「學習英文」也能分解成「25分鐘的線上英語會話」。將它變成具體、可數的東西，才能看見終點，也比較容易努力下去。

最後是立即獲得報酬。雖說「只是貼個貼紙」、「只是集個點」，但實際做起來比想像中的還要有成就感。

當然，有些人無法只靠這些就能產生動力，因此不妨結合一些更實際的獎勵，例如「累計貼紙就能去看棒球賽」等。

●「可以和別人一起做／被關注」的因應之道

越常在遊戲中與朋友會合，或在遊戲世界中越是王牌玩家，就越難脫離遊戲。

遇到這種情況時，**最好的做法就是在現實生活中實際體會與人交流的樂趣。**但是，人們通常都是因為某些緣故，才會覺得待在遊戲的世界裡很舒適。

比方說，有人的問題是「原本就不擅長與人來往，跟朋友聊天時，也只顧著說自己的事」。

因此，他在現實中跟年紀相仿的人講話時，都會令對方覺得「這個人一直在講自己的事」，導致溝通不順利而被疏遠。

然而在遊戲裡跟線上的朋友交流時，就不必顧慮這種事。接著，還有可能演變成會固定保持聯絡的人，只剩下未曾謀面的遊戲世界玩家。

雖然這種做法也沒什麼不好的，但是只要多多練習「談論自己『1』件事，就聽別人『1』件事」或是「令對方想講話的提問方式」，就有機會在現實生活中和同年齡層的人交好。

●「打發時間」的因應之道

有些人說，自己玩遊戲是為了打發時間，但真正的原因是自己遭遇到無法獨自承受的痛苦或悲傷。

在這些人之中，也有人難以面對自己沒用、自己不被愛的現實。人沒有必要獨自承受這些痛苦。周圍還是有許多抱有相同煩惱的人。試著鼓起勇氣說出來，獲得「原來不是只有我這樣啊」的安心感之後，也許就能鼓起勇氣面對以往逃避的問題了。**向人求助也是有必要的。**

或許會受到自尊心阻礙而開不了口，而且還要顧慮對方的感受。但是，人比想像中的還要樂於受到他人的信賴。總之先試著聯絡看看吧。

現在，已經一一介紹完各種原因的因應之道，儘管如此，遊戲仍然是一大強敵。也請一併使用物理上的對策吧，例如：「令自己看不到」、「令自己摸不到」等。有人把遊戲鎖進定時盒中，甚至有人把路由器交給別人保管一陣子。我在前文曾提到過，定時盒就是附有定時鎖的容器。將智慧型手機等東西放進去，再自行設定解鎖時間，這樣在時間到之前都沒辦法再拿出來用了。

請借助物理性的力量，試著享受真實的人生吧。

現在，介紹完海斗先生的筆記與事例了。大家覺得如何呢？

相信在讀完具體的例子之後，都已經知道「3分鐘戒除筆記」的使用方式了吧。

海斗先生除了假日老是在玩遊戲之外，並沒有什麼困擾，也沒有想做的事。繼續這樣下去，他可能就會覺得「反正我只是隨心所欲過自己的生活而已，只要不造成別人的困擾就行了」，然後讓遊戲奪走他的時間。

藉由這本書可以停止想戒掉的習慣，而且要是真的做到了的話，希望你能問問自己，假如戒掉了那個習慣，你又會把人生中寶貴的時間用在什麼地方呢？

那麼，後面還有許多筆記和事例在等著我們呢。

第 5 章

擺脫對社群網站的沉迷！

～正在準備證照考試，卻還是會不小心
逛起社群網站——日奈小姐的筆記～

社群網站太過貼近生活，沉迷於它是當然的

如今，社群網站不再是屬於少數名人的工具了，它已經變成任何人都能使用的自媒體了。

在時髦的咖啡館或餐廳內，不論男女老幼，總會有人對著剛端上桌的料理忘情地拍個幾分鐘後，才開始享用。

這是一個任何人都能投稿私生活的時代。在新冠疫情造成人們無法面對面相見的時期，社群網站的作用變成是人們互相交流、鼓勵與聯繫的輔助橋梁。

但是，一些本末倒置的現象也隨之而生。好比有些人抱著「我也不是那麼想吃，但是想『拍照上傳』」的想法，買了可愛的馬卡龍或時下流行的飲料，然後自己一口也沒碰，一拍完照就送給別人。

本章講述的例子就是「沉迷於社群網站，撥不出時間做原本該做的事」。

正準備考證照，卻不小心逛起社群網站的日奈小姐

正在準備考證照，卻會不自覺地使用社群網站的日奈小姐（假名，20多歲女性，上班族，單身，住老家）。

日奈小姐是一名資歷3年的上班族，平時與家人同住。由於父母會擔心，所以不論是就讀的大學還是就業的公司，都在從老家通勤到得了的地方。因此，她從小到大都住在老家。

她與父母、祖父母一起住在傳統的日式房屋內，但在日奈小姐的心中藏有她所嚮往的生活。

其實，她很想體驗時髦、自由的獨居生活。因此她沉溺在社群網站的世界中，以撫平心中的不滿。

日奈小姐在公司的職務是會計。公司建議她去考簿記檢定。

因為，如果考得檢定證照，薪水就會增加一點；如果通過更高級的檢定，就能得到升遷。

不過，雖然她心裡都明白，但是上了一整天的班也累了，吃完晚餐後更是想睡，於是就忍不住躺在沙發上，不停地看著社群網站。

「都是薪水太少害的。領這樣的薪水根本沒辦法搬出去獨立生活。所以我必須快點考到證照……。可是，邊工作邊讀書好辛苦喔。」

心中雖然這麼想，視線卻停在社群網站上面。她有無窮無盡的物慾：可愛的洋裝、雜貨、時髦的甜點、想去的地方……，每個都如夢般美好。此時，她聽到母親催促她快點去洗澡的聲音。

突然被拉回現實的日奈小姐，心不甘情不願地走向浴室。充滿生活感的狹小更衣間、老舊的地板、磁磚的汙垢，這些她全都討厭。

「唉，好想快點搬出去。如果一直沒有結婚的話，我大概一輩子都得住在這裡。但至少薪水要像樣一點吧。」

她雖然不討厭學習簿記的知識，但不知道為什麼就是提不起勁。每次回神過來，就發現自己手裡拿著智慧型手機，正在漫無目的的看著社群網站。然後，總是看著看著就到睡覺的時間了。她並不喜歡這樣的自己。

有一天，日奈小姐聽到一則傳聞。

她聽說有位高中同學通過了稅理士檢定。那是一個比簿記檢定還要難考的高難度考試。

日奈小姐的心中冒出一股難以言喻的情緒。是焦急嗎？是忌妒嗎？不，她單純是感到震驚。

「騙人，那個人念高中時，成績又沒多好。」

她在念高中時，成績一直保持在全年級排名前10名以內。那個同學既不曾擠進前幾名，也沒有升上一流大學。

對她來說，這是一件非常傷自尊心的事情。都20幾歲了，還忘不了高中時代的成績——她對於這樣的自己感到自卑與羞愧，同時也深感自己還不夠努力。

「我到底在幹什麼，連念考簿記的書都做不到。」

日奈小姐**雖然感到很痛苦，但這也是她燃起鬥志的那一刻。**她決定開始寫3分鐘戒除筆記，並努力念書為考試做準備。

為了在努力念書的同時也能享受社群網站，於是開始寫筆記

日奈小姐並不打算徹底戒掉她最喜歡的社群網站，而是希望自己能在不影響學習的範圍內享受它，於是開始寫筆記。

【步驟1　寫下今天發生的事】

7月22日	做了網美照早餐
7月23日	○上司叫我努力準備考試
7月24日	○看到網路上的考證照相關文章，覺得很焦急
7月25日	眼睛疲勞、肩膀痠痛、頭痛
7月26日	肩膀超痠痛
7月27日	覺得一定要念書，不能像以前一樣跟朋友出去玩
7月28日	沒什麼有趣的事

日奈小姐在寫「今天發生的事」時，遇到了一點困難。因為她每天都兩點一線往返於家和公司之間。

她也沒有什麼特殊的興趣，基本上下班後就直接回家了。不過，她每天都要上社群網站發文，所以會去尋找「題材」。

7月22日的**「做了網美照早餐」**就是典型的例子。之所以會做這個早餐主要是為了拍出美美的照片，而不是為了要享用它。

雖然聽起來有點誇張，但是上傳照片換取別人按讚，就是她生存的意義。

「這樣看起來，我真的是活在社群網站的世界裡。」

日奈小姐對自己很失望，同時也注意到，自己既沒有其他興趣，平日連人際關係也壓縮到最低限度。

雖說公司位在從家裡通勤能到的範圍內，但是與公司的距離還是很遠，因此她下班後很難順便去運動中心或是參加飯局。更何況，她也沒什麼錢。

每天做紀錄後，日奈小姐逐漸明白自己長時間泡在社群網站上的原因了。**一切都是因為被上司交代要努力準備考試，以及在網路上看到與考證照有關的文章後，感到焦急、痛苦，於是就逃進社群網站的世界裡了。**

後來她也發現，平日因為做太多事務工作，導致**「眼睛疲勞」、「肩膀痠痛和頭痛」**，所以感到很痛苦。

由於長時間坐在電腦前辦公，所以下班後若是還繼續坐著念簿記檢定的書，對身體來說也是吃不消的。

該如何解決身體疲勞的問題呢？我只能說，這絕不是逛社群網站可以解決的問題，而且過度使用手機反而會導致頭痛跟肩頸痠痛惡化。

【步驟2　記錄想戒掉習慣的量】

7月22日	螢幕使用時間 SNS:4個半小時
7月23日	SNS:5個半小時
7月24日	SNS:4個小時
7月25日	SNS:3個小時
7月26日	SNS:2個小時
7月27日	SNS:2個半小時
7月28日	SNS:2個小時

日奈小姐從來沒用過iPhone的螢幕使用時間通知，但為了寫筆記，她便忐忑地點開看看。沒想到，她**1天竟然花4個小時**在社群網站上。既然有這麼多時間，那都可以念不少書了。而且老實說，這還是她為了記錄而稍微克制後的結果。儘管如此，時數還是這麼長，那麼以前究竟花了多少時間在社群網站上啊？此事令她相當震驚。

「我又不是活在社群網站的世界裡！」

於是，日奈小姐的決心變得更加堅定了。

【步驟3　分辨出疑似會影響該習慣量增減的事情，並找出隱藏的需求】

22日	想獲得他人認同
23日	想逃避壓力。想和他人聯繫
24日	為無法保留念書時間的自己感到焦急
25日	何不對身體好一點。想和他人聯繫
26日	回家後想放鬆，所以想在外面先把書念完
27日	想跟別人一起準備考證照
28日	希望同伴認同我的努力

對日奈小姐來說，這個步驟比較簡單一點。

對於沒有特殊興趣、沒有時間、沒有錢的她而言，社群網站是用來滿足**「想獲得他人認同」**的最佳工具。

這種「想獲得他人認同」的心情，似乎可以好好運用在準備考證照上，比如可以代換成**「想獲得他人讚賞學習成果」**。

此外，日奈小姐似乎也有**「想逃避念書、考試的壓力」**這種逃避現實的想法。而且，她也**想紓解長時間坐在辦公桌前所帶來的疲勞**。

接著就用下個步驟的替代行為來填補這些「真正想要的東西」。

【步驟4　找出替代行為，加以驗證】

7月22日	
7月23日	
7月24日	因加班而晚回家，所以沒時間看SNS
7月25日	○一邊泡半身浴一邊看SNS。不喜歡泡太久，所以提早結束了
7月26日	○下班後順便去咖啡廳念書。上傳了咖啡廳的照片
7月27日	○加入由報考同一個證照考試的人所組成的SNS，彼此互相鼓勵
7月28日	○在咖啡廳念書 ○逛逛考證照的SNS

一開始，為了減少使用社群網站的時間，**便決定在泡半身浴時才看**。她認為，因

為自己無法泡太久，所以能早點停止逛社群網站。

這個方法奏效了。她決定「只在泡澡時使用社群網站」，洗完澡後就把手機留在更衣間內，自己則回到房間念書，直到睡前才取回手機，這樣也是可行的。

只不過，她覺得這個方法有點痛苦。因為念書時會一直想著「手機有沒有新通知啊」，根本無法靜下心，所以似乎難以持續下去。

接著，日奈小姐決定利用「想獲得他人認同」的心情。

她正是為了這一點才使用社群網站，因此替換掉應該也會有效。於是，她開始**利用「想獲得他人讚賞學習成果」的機制**來嘗試。

為此，日奈小姐使用了**某一款APP，讓自己和報考同一證照考試的夥伴們互相切磋學習成果**。由於做法是拍照上傳自己的學習範圍並互相鼓勵，所以非常適合她。

這樣做不但會為了獲得大家的讚美而努力學習，還能把要發表的照片拍得上相一點，她由此找到樂趣。

如果下班回家吃飽飯後才開始念書，一不小心就會變得想睡覺，而且在家拍的照片也不夠美。因此她決定，下班後**先到公司附近的咖啡廳念完書、拍完照後再回家。**

這個不錯的作戰策略確實使她的讀書時間增加了。只不過，有些日子辦公造成的肩膀痠痛和頭痛，還是會令她累到無法念書。這時候她就得多下點功夫，去**泡個半身浴、做個伸展操，然後早點睡，隔天再早起念書**。

日奈小姐以往的想法是「再累都得逼自己念書」。

但是現在，她認為「累的話就先把疲勞處理掉」。她會先讓身體恢復活力，回到能夠專注的狀態後，才開始念書。

也許是這個緣故，她變得比以前更加認真看待「學習」這件事。

在努力的過程中，日奈小姐擺脫了過去的惡性循環，不再因責備「一直玩社群網站而不念書的糟糕自己」而陷入自我厭惡之中。

她也接受了「喜歡社群網站，希望獲得他人認同的自己」，並學會反過來利用這一點幫助自己念書。

這種正向的轉變，正是本書所追求的目標。

日奈小姐的筆記範例

日期	①今天發生的事	②想戒掉習慣的量	③真正想要的東西	④替代行為
7月22日	做了網美照早餐	螢幕使用時間 SNS:4個半小時	想獲得他人認同	
7月23日	○上司叫我努力準備考試	SNS:5個半小時	想逃避壓力。想和他人聯繫	
7月24日	○看到網路上的考證照相關文章，覺得很焦急	SNS:4個小時	為無法保留念書時間的自己感到焦急	因加班而晚回家，所以沒時間看SNS
7月25日	眼睛疲勞、 肩膀痠痛、頭痛	SNS:3個小時	何不對身體好一點。想和他人聯繫	○一邊泡澡一邊看SNS。不喜歡泡太久，所以提早結束了
7月26日	肩膀超痠痛	SNS:2個小時	回家後想放鬆，所以想在外面先把書念完	○下班後順便去咖啡廳念書。上傳了咖啡廳的照片
7月27日	覺得一定要念書，不能像以前一樣跟朋友出去玩	SNS:2個半小時	想跟別人一起準備考證照	○加入由報考同一個證照考試的人所組成的SNS，彼此互相鼓勵
7月28日	沒什麼有趣的事	SNS:2個小時	希望同伴認同我的努力	○在咖啡廳念書 ○逛逛考證照的SNS

這是一個智慧型手機「結合」社群網站的棘手時代

現在是社群網站的全盛時期，任何人都可以在上面發布訊息。

我們和社群網站之間的距離，已經近得與10年前無法相比了。

不管怎麼說，造就現在這一切的幕後推手肯定是智慧型手機的普及吧。在二〇一二年左右，智慧型手機眨眼間創造了人手一機的新時代。如今連小學生都有自己的智慧型手機了。

以前，我們回到家後都要特地開電腦，才能發文或閱覽文章。然而在智慧型手機普及的今日，無論我們在電車上、飛機上，還是在國外、在約會中，都能隨時發布或閱覽資訊。

相信每個人都曾經在半夜裡，躺進被窩裡用手機看社群網站吧。

由於就像這樣隨時隨地都能接觸到它，所以不管是誰迷上社群網站的機率也都跟著變大了。

二〇一二年可謂是智慧型手機元年。而自那以來，拒絕上學的學童也增加了。這似乎在暗示著什麼。

例如，我們常在咖啡廳內看到「即便把面前的朋友晾在一旁，也要先滑手機看社群網站」的光景。

「在現實生活中過得不太順利，但在社群網站上卻是人氣王」也是常見的例子。學生之間也形成了由各種團體組成的社群網站群體，好比班級、社團、好友等。不發文交流就會被排除在外的風氣也很興盛。

就這樣，社群網站世界和現實世界的界線變得越來越模糊。

有人因為社群網站上的毀謗、中傷而內心受創；也有人因為在社群網站上受到矚目，而受到電視或雜誌採訪，大幅改變了人生。

由於有這些情形，所以很難去界定出一個適當的距離，讓我們與社群網站保持安全距離。

但是，我還是希望大家能以**「是否會對現實中的生活帶來障礙」**作為安全距離的參考基準。

有些人為了使用社群網站而睡眠不足、工作遲到、上課遲到、無法專心念書、無法專心處理工作與家事，或是導致與朋友的社交關係出現問題，甚至是影響健康，造成視力衰退、腰痛……。

假如你的閒暇時間都被社群網站占據，或是為了在社群網站上發文吸引目光而造成經濟負擔加重，那你的距離感可能就是錯的。

檢視對社群網站的依賴度

話雖如此，在檢視自己是否過度依賴社群網站時，還是會希望能有個檢測標準吧。現在就讓我來介紹社群網站依賴度的衡量標準吧。

【社群網站依賴度衡量標準】

1　實際使用社群網站的時間比預定的久

2　不使用時，也在想著社群網站的事

3　不使用社群網站便無法冷靜，或陷入憂鬱、沮喪、煩躁的情緒中

4　即使想要減少社群網站的使用時間，也都失敗了

5　使用社群網站的時間越來越長，否則就無法滿足

6　感到沮喪、不安或有壓力時，就利用社群網站來逃避或抒發心情

7　因為使用社群網站，導致自己與家人或朋友的關係惡化

8　曾掩飾或謊報自己使用社群網站的時間長度或熱中程度

河井先生等學者在他們的研究報告中，將「在這8項之中，符合5項以上情形的人」定義為「依賴患者」。這雖然跟醫療機構訂出的診斷標準不一樣，但也是一個參

考基準。

另外，此研究將「依賴患者」和「普通的社群網站使用者」比較後發現，依賴患者會對社群網站上的人際關係感到負擔。

社群網站存在的目的是為了建立人與人的連結，但諷刺的是，它卻會對重度使用者造成負擔。

那麼，為何這些人就算在對此感到心理負擔之後，卻仍然一直使用社群網站而離不開它呢？

會沉迷社群網站的4個原因？

人為何會沉迷於社群網站呢？在此介紹4個常見的原因，會從先前曾介紹過的「無法戒除壞習慣的原因」中，選擇適用於社群網站的。

【戒不掉社群網站的4個常見原因】

1　可以觀賞名人的直播（獲得活動）
2　可以和同伴交流（獲得活動）
3　受到矚目（社會性關注）
4　可以避免被排擠（逃避）

接下來，將一一加以解說。

● 1 可以觀賞名人的直播（獲得活動）

現在除了藝人之外，不管是知名的咖啡廳店員、美髮師還是任何人，都可以成為自媒體，傳播各式各樣的內容，例如：歌唱、談話、舞蹈、相聲、教學等。

許多人覺得這樣很有趣，便沉迷於社群網站。

共享相同時刻的感覺令人的滿足感提升，還可以利用留下評論等方式，輕鬆與名人進行互動。這些都是觀賞直播吸引人的地方吧。

● 2 可以和同伴交流（獲得活動）

這裡指的是在好友之間發文、互相留言，而不是名人對大量閱聽者那種形式。

同伴之間因為太忙或住太遠，而難以碰面交流時，就會透過社群網站進行交流。

在社群網站剛問世時，這可是劃時代的功能。而這也是令人著迷的原因之一。

● 3 受到矚目（社會性關注）

在社群網站上，任何人都能有效截取日常情景並加工，也就是所謂的「修圖」，使它更接近自己想呈現的風貌。

跟現實生活比起來，在社群網站上比較容易進行印象操控，因此相對容易吸引他人的目光。**比現實世界「簡單」的這一點會使人加速沉迷。**

●4　可避免被排擠（逃避）

透過社群網站在朋友間互相傳遞訊息，也不見得就能刺激交流、增進情誼。

「那個人既不發文，也不留下評論，真令人討厭。」像這樣遲遲不回覆，或是發布訊息時不遵守群體規範，恐怕就會遭到抨擊。

因此，有些人即使不感興趣，也會**為了避免「被踢出團體」，而泡在社群網站的世界中**。因為他們「不想被同伴排擠」、「不想被拋下」。

總而言之，造成「社群網站依賴」的原因有很多。

幫助擺脫沉迷社群網站的替代行為

那麼，究竟該怎麼做才能擺脫社群網站依賴的問題呢？要做什麼樣的事情才能夠取代它呢？

建議可以參考前文中提過的「沉迷社群網站的原因」，並對症下藥。4種原因當中的前2種，也就是「1　可以觀賞名人的直播（獲得活動）」和「2　可以和同伴交流（獲得活動）」，都還算是健全的理由，只要不會嚴重妨礙正常生活就沒問題。因此，也許不必太嚴肅地思考對策。

不過，對於剩下的2種原因——

3　受到矚目（社會性關注）
4　可避免被排擠（逃避）

若不想想對策，就會引發一些問題。

●「3　受到矚目」的因應之道

如果原因是「3　受到矚目（社會性關注）」，那麼建議要去尋找或製造一個場所，那裡能接納真實的自己。

在社群網站這個虛擬世界中，蒐集「讚！」就是在追求顯而易見的認可。這叫人如何不迷上它呢？戒不掉也是正常的。其實也沒必要徹底戒掉社群網站。因此，請你至少**在現實世界中找一個能夠接受你的人吧。這個人可能是你的朋友、家人或情人，而且在看到你不完美、俗氣的一面時，還能接納你，給你一個「讚」**。

若能建立起如此美好的關係，或許就會把時間優先花在那個人身上，而不是社群網站上。畢竟現實中的交流還是很美好的。

●「4　可避免被排擠」的因應之道

假如沉迷社群網站的原因是「4　可避免被排擠（逃避）」，那麼建議參考以下2種做法。

「你不需要繼續待在這種強迫同儕行動的團體裡」——答案很簡單吧。我會把它推薦給能夠自由選擇來往對象，並擁有多個生活圈的成年人。

然而，如果事情發生在封閉的小規模職場內，或是像學生面臨「只有這個班級是我的容身之處」、「只有這個團體接納我」的處境時，或許就沒那麼容易擺脫這種人際關係了。

在這種情況下，**建議從灰色地帶著手，**而不是從「要不要使用社群網站」之中做二選一。

比方說，有人一看到朋友更新動態，就一定會立刻按讚並留言。而他的朋友們也會像不能輸給他似的，跟著這樣做。在這種氛圍下，要完全不按讚、不留言也太不現實了。

在這種情況下，建議採取的折衷做法是先按讚就好，留言的部分等有空再留，或是改成有時留、有時不留。

有人可能會擔心「這樣做的話，會被討厭吧」。但是，將自己塑造成是這樣的人，也是很有用的。如此一來，別人就會明白「不能指望那個人立刻回應」了。

過了青春期，就把想回應他人的期待、不想被討厭、想永遠當個乖孩子的想法捨棄吧。請不要陷入非黑即白的思維中。社群網站都有「封鎖」他人的功能。因此有些人會想在「要變得非常要好」和「要封鎖他，跟他斷交」之間二擇一。但是，這種非黑即白的態度會影響到現實生活，非常危險。

假如這樣做，就會變成孤單一人。自己的心情也無法平靜下來。所以，我們還是別這麼做吧。請和他人保持適當的距離感，為自己多製造一些灰色區域的選項吧。

那麼，後面還有許多筆記和事例在等著我們呢。

第 6 章

擺脫對影視的沉迷！

～看太多外國連續劇而睡眠不足
——直美小姐的筆記～

連無趣的影片都不自禁地看下去

近來，訂閱服務越來越多。

最早採用訂閱制的，就是影視串流平台。在這個時代，只要有一支智慧型手機，

就可以用一定的價格無限收看電影和原本錯過的連續劇。

在此之前，人們得親自去影音出租店，然後會因為想借的影片被別人借走而失望不已，或是因為超過歸還期限而必須繳納逾期金。現在真的方便很多。

但是從另一方面來說，訂閱制也導致不少人沉迷於追劇。也許是興奮所致吧，畢竟以前看連續劇只能一集一集的看，現在卻能一口氣全部看完；不過也有人表示：「沒有啦，我只是在打發時間啦。」

有些人的動機中還參雜著「蒐集癖」和「完美主義」，例如：

「一旦開始看，就算劇情到了中間開始變得無趣，我也會看到最後！我想要完整地看完！」

於本章中登場的直美小姐，正是因為看太多外國連續劇，才導致長期睡眠不足。一起來看看這位家庭主婦的故事吧。

看太多外國連續劇而睡眠不足的直美小姐

看太多外國連續劇，導致睡眠不足的直美小姐（假名，40多歲女性，打工族，已婚，與丈夫同住）。

直美小姐在20歲出頭就步入婚姻，並因此辭掉工作。自那之後，她就一直在家當家庭主婦，一邊配合丈夫調職，一邊養育2個孩子。

小孩們一轉眼就長大了。從今年春天起，次女也離家前往東京念大學了，因此，家裡只剩下夫妻倆。直美小姐也從今年春天開始在家附近的超市打工。

以往，她不只要做便當，還要接送女兒上補習班、學才藝、幫忙辦理入學手續、搬家等等，每一天都在匆忙間度過。但是，女兒搬出去之後，家裡突然變得很安靜。就連準備好一頓晚餐，飯桌上也沒有開心捧場的女兒們了。

直美小姐的丈夫從以前就常常不在家，休假時也都在工作或出門打高爾夫。因此她總覺得，連努力做家事的意義都沒了。

年齡相仿的主婦朋友對她說：

「老公不需要妳費心照顧，這樣不是很好嗎？好不容易有自己的時間了，去做點喜歡的事啊。真羨慕妳。」

即使聽了這番話，但**直美小姐還是感到坐立難安**。

為了填補空虛的心，便開始沉迷於外國連續劇。

雖然是1集僅30分鐘的連續劇，但是要追完全部就必須把一整個系列多達60幾集看完。

無論是煮晚餐、吃飯、洗澡時，她都在追劇，就連在棉被裡也抱著iPad看個不停。常常看著看著，天就亮了。

最近，睡眠不足開始讓她的身體吃不消了。以這種狀態去工作，令她痛苦不堪。

某天，直美小姐像平常一樣，準備將iPad立在廚房的老地方。

結果她手一滑，不小心讓iPad掉到地上，摔裂了螢幕。螢幕上的裂痕導致觸控失靈，因此幾乎無法操作。

她急著蹲下去撿平板，結果一不小心就閃到腰了。她在廚房裡動彈不得，但同一時間腦中卻浮現了這個想法：

「糟了！沒辦法看連續劇了！」

連她自己都感到奇怪。自己怎麼連這種時候都還想繼續追劇，實在太荒謬了。

閃到的腰後來雖然治好了，**卻有一股不明的焦躁感向她襲來，她自覺似乎有什麼不尋常的事發生**在她身上。

直美小姐為了改善不停追劇的習慣，便開始嘗試「3分鐘戒除筆記」。

為了減少觀看時數，保有充足的睡眠，於是開始寫筆記

直美小姐為了減少觀看連續劇的時間，便開始記錄自己的生活。

【步驟1　寫下今天發生的事】

8月10日	沒什麼特別的事
8月11日	◯新人同事做錯事。為了幫他善後而加班，結果他竟然先下班了
8月12日	◯打電話給女兒，但女兒沒接。傳訊息也不回
8月13日	◯丈夫去打高爾夫。睡回籠覺睡到下午
8月14日	沒什麼特別的事。睡回籠覺睡到下午

直美小姐寫下每天發生的事。

第一天，她只寫了**「沒什麼特別的事」**。

「我想想喔。自從女兒搬出去住之後，我的生活發生一百八十度的改變。什麼都沒了。」她深切感受到自己的寂寞。

隔天，**試著寫下工作上的事。**她是從這個春天才開始到附近的超市打工，工作內容為櫃檯收銀、補貨上架。

在此之前她離開職場很久了。雖然剛開始要記很多東西，很辛苦，但同時也覺得很新鮮。

然而最近，她已經對此失去新鮮感了。為了幫一個年紀跟她女兒差不多的新人收拾善後，她必須加班。除此之外，直美小姐也氣那個新人居然自己先下班回家了。

「現在的年輕人真是超乎我的想像啊。」

她已經超越憤怒，感到目瞪口呆了。

8月12日，**打電話給讀大學的女兒，**她最近開始展開獨立生活了。原本她猜想，女兒一個人生活，一定很寂寞吧。結果女兒沒接電話，也沒有回訊息。

隔天，**丈夫預定早上出門打高爾夫。**直美小姐幫他做了早餐，但是他睡過頭，因為急著趕時間，沒吃早餐就出門了。她的辛苦付出卻得不到回報，所以感到很不爽。

8月14日，直美小姐**沒什麼事，一整天都無所事事、懶洋洋的**。丈夫打高爾夫的行程會在外過夜，不在家。家裡只有一個人，她也不想特地去做飯給自己吃，於是這一天她就大睡特睡了。

直美小姐寫紀錄時，再度產生了這樣的感覺，

「每天都過得好乏味。」

既沒有努力過生活的意義，也得不到回報，一點好事都沒有。

【步驟2　記錄想戒掉習慣的量】

8月10日	在廚房看30分鐘， 在被窩看5小時
8月11日	在廚房看30分鐘， 在被窩看5小時
8月12日	在廚房看30分鐘， 洗澡時看2小時， 在被窩看5小時
8月13日	在廚房看30分鐘， 在被窩看10小時
8月14日	在被窩看8小時

直美小姐究竟花了多少時間看連續劇呢？

在廚房邊做家事邊看、在被窩也看、在浴室也看。總計下來，**1天就看了8個小時。**

她感受到：

「我想利用那些時間來好好睡覺，不然隔天會受到影響……。」

話雖如此，可能是年紀大的關係，她的睡眠品質一年比一年差，不僅難以入睡，半夜還會醒來。

但可以確定的事情是，自從她養成了在被窩看連續劇的習慣之後，就變得更難入睡了。

【步驟3　分辨出疑似會影響該習慣量增減的事情，並找出隱藏的需求】

10日	不知道
11日	生氣。得不到回報。想被人稱讚
12日	很寂寞。得不到回報。辛苦把她帶大，卻竟然這麼乾脆地離我而去
13日	丈夫的生活和往常沒有兩樣。畢竟他從來不顧小孩的。我把孩子帶大後，卻什麼也沒留下。要是我也有擁有點什麼就好了
14日	要是我也擁有點什麼就好了

接著，直美小姐試著找出疑似會影響追劇時間長短的事情。例如她在幫超市的新

人善後時，心裡就想著**「想被人稱讚」**。

她隱約覺得，自己可能是為了逃避這些壓力才一直看影片。

當打電話、傳訊息都找不到上大學的女兒時，就會花更多時間在看影片上。

在寫下**「很寂寞」**後，她才恍然大悟。因為，她從來沒有將這種感受告訴過任何人，而且自己也從來不曾承認過這個感受。

曾經聽說過，有些人在孩子離家後，會感到憂鬱及不安。

「難道說，我這是『空巢症候群』？」

有那麼一瞬間，她是這麼想的。但隨後，她就用另一個想法來反駁自己。

「天下哪有父母會不擔心第一次自己一個人生活在外的女兒。任誰都會覺得有點寂寞啦。」

隔天，丈夫沒有吃自己準備的早餐就出門了。這件事有沒有影響到觀看時數，直美小姐自己也不清楚。

不過，那一天也沒事做，所以觀看時數高達10小時。

起初，直美小姐猜想：

「我大概對丈夫感到煩躁，為了排解壓力才追劇的吧？」

但後來她覺得，她可能是把自己跟戲中的主角重疊在一起了。

「丈夫的生活和往常沒有兩樣。畢竟他從來不顧小孩的。我把孩子帶大後，卻什麼也沒留下。要是我也有擁有點什麼就好了。」

隔天，沒事做的她就這樣睡回籠覺睡到下午。

這讓她更加確信：

「我在看外國連續劇時，也曾經覺得看到膩了，但是又覺得，既然都看了就要看完全部。我是想要藉由完成一件事來獲得成就感嗎？還是想要填補女兒不在身邊的空洞與寂寞呢？**我到底是誰？我什麼都沒有。**」

直美小姐自己沒有想做的事，而且做了也沒人稱讚她，因此感到空虛與寂寞。

她為了麻痺自己的感受，所以才沉迷於看完一系列連續劇所帶來的成就感和逃避現實的感覺。

【步驟4　找出替代行為，加以驗證】

8月10日	
8月11日	
8月12日	○洗澡洗久一點，心情好點了
8月13日	
8月14日	○傍晚到附近的書店晃晃。突然想到，我以前很喜歡相機

直美小姐透過步驟3面對了自己一直在逃避、不願去看的「空虛和寂寞」。

她找朋友商量時，得到了這樣的建議。

「我說，我們才40幾歲而已。人生還剩下一半左右吧？第一幕一直為了家人而努力。接下來是第二幕了，從現在開始尋找自己熱中的事物不就好了？」

直美小姐可不想寂寞地度過接下來的50年。就算要用看連續劇來填滿這50年，也沒有那麼多連續劇可以看。

「現在才應該重新問問自己想要做什麼，只要找到有成就感的事物就行了。**總之先去書店裡看看吧。**不然我去問問處境差不多的朋友們都是怎麼過日子的，這樣好像也不錯。」

於是直美小姐去了一趟書店。書店裡有許多主題書區，如「旅遊」、「生活」、「興趣」、「美容」、「商業」、「電腦」等等。

和網路書店不一樣的是，光是在店裡隨意走走看看，就有許多平常自己見都沒見過的、各種領域的書籍封面映入眼簾。這就是逛實體書店的好處。直美小姐隨意地走著走著，並拿起一本封面很吸引她的書。

「喔？原來還有這樣的世界啊。我都忘記我以前很喜歡看星星了。」

直美小姐想起她中學時參加天文社，以及喜歡希臘神話的事。還有，她的故鄉是知名的觀星勝地，她常常和姊妹一起觀星。這些都是令人懷念的回憶。

「這麼說起來，我已經好久沒抬頭看星空、找星星了。」

已經多少年沒有這種興奮的感覺了？她心中湧現許多想法：下次休假時，要不要自己去一趟天文館呢？要不要出趟遠門去觀星呢？要不要把天文望遠鏡從櫥櫃裡翻出來呢？

直美小姐和朋友喝茶時，便將這件事告訴了對方。

於是朋友告訴她：

「既然如此，妳要不要參加這個攝影比賽？」

當地的天文館似乎每年都會舉辦星空攝影比賽。

此外，她還得知了天文館正在招募志工，幫忙兒童星空教室的解說工作。

直美小姐似乎找到了比連續劇還有趣的事了。看來，她快要成為自己的人生連續劇的主角了。

直美小姐的筆記範例

日期	①今天發生的事	②想戒掉習慣的量	③真正想要的東西	④替代行為
8月10日	沒什麼特別的事	在廚房看30分鐘，在被窩看5小時	不知道	
8月11日	○新人同事做錯事。為了幫他善後而加班，結果他竟然先下班了	在廚房看30分鐘，在被窩看5小時	生氣。得不到回報。想被人稱讚	
8月12日	○打電話給女兒，但女兒沒接。傳訊息也不回	在廚房看30分鐘，洗澡時看2小時，在被窩看5小時	很寂寞。得不到回報。辛苦把她帶大，卻竟然這麼乾脆地離我而去	○洗澡洗久一點，心情好點了
8月13日	○丈夫去打高爾夫。睡回籠覺睡到下午	在廚房看30分鐘，在被窩看10小時	丈夫的生活和往常沒有兩樣。畢竟他從來不顧小孩的。我把孩子帶大後，卻什麼也沒留下。要是我也有擁有點什麼就好了	
8月14日	沒什麼特別的事。睡回籠覺睡到下午	在被窩看8小時	要是我也擁有點什麼就好了	○傍晚到附近的書店晃晃。突然想到，我以前很喜歡相機

會沉迷影視的3個原因？

影視網站紛紛推出訂閱制服務，也就是每個月只要支付固定的錢，就可以無限觀看影音內容。

訂閱制出現之後，越來越多人睡眠不足，頂著浮腫的臉去上班，並說：「昨天晚上也在看影片，等回過神來已經天亮了。」

也許是因為，一旦變成「〇〇到飽」，要是不多看一點，心中或多或少就會覺得吃虧了，所以才會克制不了自己的慾望。

那麼，什麼樣的人容易沉迷於追劇呢？

現在就來介紹3個常見的沉迷原因，會從先前曾介紹過的「無法戒除壞習慣的原因」中，選擇適用於影視的。

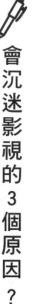

【戒不掉影視的3個常見原因】

1　滿足蒐集癖（獲得東西）
2　可以被動地解悶（獲得活動）
3　可以沉迷於不同世界的故事裡（逃避）

接下來，將一一加以解說。

●1　滿足蒐集癖（能獲得東西。既然看了就想要全看完）

有些人會追求「完全制霸」，例如想把一系列的連續劇全部看完，或是想告訴別人，自己看過宮崎駿的所有作品之類的。

原本只要能享受影片就行了，但是**比起內容，他們更在意形式**吧。

我常去的廚藝教室和花藝教室裡，就有2種學生。一種是享受現場學習過程的學生；另一種是追求形式的學生，也就是「既然都來學了，就要考到證照」。

若要說哪種人比較容易沉迷於追劇，那麼也許是後者吧。說得稍微誇張一點，這種人可能是缺乏自信，因此**想要藉由留下一些有形的東西，來增加自己的價值**。

另外，他們的心態或許也覺得既然都花時間、花錢了，若不把它變成有形態的東西，那就太浪費了。

●2 可以被動地解悶（獲得活動）

人們為何沉迷於影視？我覺得最常見理由是他們累了，沒有多餘的精力去做一些積極的事情。

白天勤奮工作，處處顧慮客戶、同事和上司的感受，等到精疲力盡地回到家後，是不是就會變成「不想再思考、不想再見到人」的無力狀態呢？

這種現象叫做**「對工作感到消極」**。從事「對人」工作的人比較容易陷入這種狀態。在這種疲勞狀態下，就表示已經沒有多餘精力去積極約人見面或是做任何事了。

被動地看著一直播放下去的影片，確實很輕鬆。在這種狀態下，八成也不會希望影片結束。因為人在無力時，根本就不想思考。

由於影視服務平台會不斷推薦並播放下一部影片，所以收看者可以一直在被動狀態下解悶。

3 可以沉迷於不同世界的故事裡（逃避）

退休並失去原有的職位，或是孩子長大離家，都是**讓人卸下大量工作、家事或養育兒女之責的契機。然而有些人從中解放後，卻不知道「該做什麼才好？」此時，看影片就是個便利的選擇**。

任何人突然失去了占用大半時間的工作或家事後，都會感到空虛：「咦？我想做什麼？」、「我擁有什麼？」

想把自己投射到別人的美妙故事中、想要看別人過著無趣的人生來娛樂自己、想沉浸在完全不一樣的世界中，這些理由讓我們沉浸在故事中。因為它能在短時間內填滿我們的內心。

幫助擺脫沉迷影視的替代行為

那麼，究竟該怎麼做才能擺脫影視依賴呢？

不追劇的話，又該做什麼呢？

會針對前文中介紹過的「戒不掉影視的3個常見原因」一一做解說。

●「1 滿足蒐集癖」的因應之道

在這個世上，無論是電影、書籍或音樂，都有人會對它進行解說或發表感想，並且將這些幾乎達到藝術水平的解說和心得整理好，放在自己的網頁上。

既然要蒐集的話，這也是一個不錯的突破點。不過，因為時間和體力有限，所以還是要停下腳步問問自己：

「咦？把它全部看完後，我想獲得什麼？」

「我是為了什麼才想把它看完的？」

這些問題都是賠了夫人又折兵的回答嗎？但是，如果你沉溺其中，你就會看不見這個本質。

●「2　可以被動地解悶」的因應之道

有2種方法可以對付這個原因。

一種是**「不要讓自己的工作方式（生活方式）這麼累」**。

這是最善待自己的方式，而且能解決根本原因，因此很有效。

但是就現實層面來說，你很難去改變工作量、工作內容、來往的客戶等。所以請你去找找自己能做到的改變吧。例如在工作方式上下點功夫（如：太過於克己奉公的人，可以試著在不會被解雇的程度內當薪水小偷）、大膽地換下一份工作、尋找工作中的樂趣等。

另一種情形是，解悶的時間恐怕永遠不會結束。如果是看到打盹睡著倒還好，要是演變成瘋狂追劇，整晚都因為藍光刺激而毫無睡意，那就會發生悲劇了。

為了避免這種事發生，**可以使用強制的手段。**比方說，看影片時，可以利用定時功能；事先將放洗澡水的時間設定在「差不多該就寢的時間」。洗澡水放好後，就等於強制人要待在浴缸裡。雖然洗完澡後還是有可能繼續看，但是洗澡本身有助於緩解壓力，而且之後體溫降低也能讓人產生睡意。

不過，也有人嫌洗澡很麻煩，所以才用看影片來逃避。如果是這樣的人，建議可以養成「回家後立刻洗澡」的習慣。

只要先洗完澡，之後的事情就剩下吃晚餐。該做的事都做完後，就能好好享受影片了。

●「3 可以沉迷於不同世界的故事裡」的因應之道

假如你是透過沉迷於不同世界的故事中，來填補心裡的空虛，那麼建議可以參考本章中的直美小姐，像她一樣**替「自己的人生故事」尋找興奮的體驗**。

真實的人生比小說還要離奇。請試著回想一下自己想做的事，還有不努力也一直做得比別人好的事；或者試著想想，如果明天人生就要結束，那麼今天絕對要做的事情是什麼。

進行過短暫的數位排毒，並且與處境相似的朋友們互換心得，也許就能早點找到答案了。

接著，後面還有許多筆記和事例在等著我們呢。

第 7 章

擺脫對酒精的依賴！

～健康檢查建議應該戒酒，
卻無法減少飲酒——建一先生的筆記～

酒可能會毀掉健康、人際關係、工作和人生

很多人會用喝酒來為自己的一天畫下句點。
有時候，酒精也會擾亂人生。
健康
人際關係
工作
沉迷酒精的原因有4個！
在本章中，我們要參考建一先生的筆記，
學習如何擺脫酒精依賴！
嗯嗯
建一先生的筆記

你有晚酌的習慣嗎？應該有很多人會透過晚酌，來消除一整天的疲勞吧。

還有，當親朋好友聚在一起時，若席間多少喝一點酒，氣氛也會比較親近或是熱

絡一點。有時候，酒就像人與人之間的潤滑劑呢。也有些人是美食家，喜歡以美酒佐美食。

酒就是這樣，自古便受人喜愛。

而另一方面，因為酒而失去健康、因為喝醉而鬧出問題的人也時有所聞。

這是因為，有些人無法與酒精「和睦相處」。在這些人當中，甚至有人被酒精擾亂了人生。

在本章中，我會介紹一名因為戒不了酒而導致健康問題的男性，並加深對適切飲酒方式的印象。

健康檢查建議應該戒酒，卻無法減少飲酒的建一先生之筆記

健康檢查建議應該戒酒，卻無法減少飲酒的健一先生（假名，50多歲男性，公務員，已婚，與妻子、小孩同住）。

建一先生是一名工作壓力很大的公務員。

他自認自己一直都是認真地過生活。

好比學生時代的他會努力念書，即便班上的同學玩過頭，他還是按照常識生活，不會跟著胡鬧。

這也不是誰規定他的，但他就是相信「只要努力就會有好事發生」、「努力必定有回報」，所以一路踏踏實實地走來。

當同學們在泡沫經濟時代得意忘形時，他依然選擇回到家鄉當公務員，以就近照顧父母親。

最近，在職場聽到年輕人在背地裡批評他的同期同事：「這就是為什麼人們會說泡沫世代的人都很沒用。那個人完全跟不上新系統，害我必須一直教他。真麻煩。」

建一先生也跟那位同期同事一樣，漸漸記不起新事物了。他覺得，那些話就像是在說自己一樣，把他嚇得全身一僵。

每天晚上喝點酒是他唯一的樂趣。只有在喝酒的時候，建一先生才能稍稍感受到「心靈舒暢」的瞬間。

喝酒時，他感到全身軟綿綿的。即使開著電視也不知道自己看了些什麼。總之，他總是像失了魂般地放空。

然而，前陣子的健康檢查報告卻建議他「每週應該讓肝臟休息一天」。晚酌是他用來維持心靈平衡的方式，所以他被此事煩得不知該如何是好。

此時，他才在保健護理師的推薦下，勉為其難地開始做「3分鐘戒除筆記」，並將「飲酒」列為想戒掉的習慣。

為了在健康與放鬆之間取得平衡，於是開始寫筆記

【步驟1　寫下今天發生的事】

7月20日	沒什麼特別的事
7月21日	普通的一天
7月22日	普通的一天
7月23日	○開會時，上司和下屬都任性地亂給意見，搞得我壓力值有5罐酒
7月24日	○獨自跟討厭的上司一起跑外勤。壓力超大
7月25日	○沒完沒了的工作壓力
7月26日	○沒完沒了的工作壓力

建一先生是屬於腳踏實地不斷努力的那種人，因此對於每天寫筆記這件事並不感到抗拒。

但是，他對寫下「今天發生的事」感到有些困惑。

建一先生不知道該不該寫下詳細的工作內容，還有工作之外的事情該怎麼寫才好。而且，總結成短短一句話竟比想像中困難。

無所適從之下，前3天只好用**「沒什麼特別的事」**和**「普通的一天」**來交差。

但保健護理師建議他：「可以試著寫下似乎會影響飲酒量的事，或是會令你產生壓力的事。」於是從第4天起，他開始寫下他想到的事。

不過在一開始，做事認真的建一先生是這麼想的：

「壓力本來就是工作的一部分吧。」

因此他原本為此下了「沒必要寫進筆記裡」的結論，以致於想不到能寫什麼。

但是，保健護理師以自己為例，告訴他：「我有一堆壓力呢。也遇過合不來的上司。」這讓建一先生受到衝擊。

「咦？那種事可以稱作壓力嗎？」

「咦？壓力不就是這麼一回事嗎？」

「那個……我認為，工作時不該夾帶個人喜好、不該去思考自己跟誰合不合得來……。」

「就職場禮儀來說，我們確實不應該把這些想法表現出來，但只要是人，自然就會有『真討厭啊』、『真好相處』之類的想法喔。」

「原來是這樣啊……我會試著用輕鬆一點的心情去寫。」

原來建一先生在職場上，工作時都是處於徹底掩蓋自身情緒的狀態。

身為一名中階主管，即便所有事情都不能依照自己的步調去做，他也會告訴自己「沒事的」、「工作就是這樣嘛」，從來不曾找誰抱怨過。而且，他也從來沒承認過自己有壓力。

因為改變了想法，所以從7月23日以後，建一先生就不再為如何寫「今天發生的事」而煩惱了。

寫的時候就像「國王的耳朵是驢耳朵」一樣，有著大聲說出祕密的暢快感。

但同時，他心中某處也留下了「寫成文字後，變得更討厭上司了」和「自覺有壓力後，變得更討厭明天了」的不愉快感。

【步驟2　記錄想戒掉習慣的量】

7月20日	STRONG燒酎雞尾酒5罐
7月21日	STRONG燒酎雞尾酒4罐＋無酒精1罐
7月22日	STRONG燒酎雞尾酒3罐＋無酒精2罐
7月23日	STRONG燒酎雞尾酒5罐
7月24日	STRONG燒酎雞尾酒5罐
7月25日	STRONG燒酎雞尾酒4罐＋自己做下酒菜
7月26日	生啤酒3杯

接著，建一先生記錄下飲酒量。

雖然覺得回收空罐最近累積的速度有點快，但是他根本不知道自己喝了這麼多。

他也曾試著將最後的1、2罐換成無酒精的燒酎雞尾酒，但在主觀上並沒有什麼

區別。

喝完酒時，他很清楚自己的身體已經很醉了。

「酒精是什麼？我是想灌醉自己嗎？到底是怎樣？」

建一先生在酒醒時思考了一下才注意到，就算喝下的飲品有一部分是無酒精的也無所謂。

說到「酒精」，他就想起學生時代做科學實驗時使用的酒精燈。覺得自己竟然想去喝那種東西，還真奇怪。

不過，在某些日子裡，他還是不能沒有酒精。建一先生對變成這樣的自己感到不可思議。

【步驟3　分辨出疑似會影響該習慣量增減的事情，並找出隱藏的需求】

7月20日	只想醉到飄飄然
7月21日	只想醉到飄飄然
7月22日	只想醉到飄飄然
7月23日	只想忘掉壓力！
7月24日	只想忘掉壓力！
7月25日	我真的很喜歡喝酒，想更享受喝酒的時間
7月26日	想大口吞下跑完2公里後的生啤酒

建一先生試著將「喝酒時可以混個幾罐無酒精飲料的日子」和「只想喝酒的日子」做了比較。

結果，因果關係一目了然。只要是因上司、部下而產生龐大壓力的日子，他就會想要來個**5罐STRONG燒酎雞尾酒**。

建一先生想透過喝酒，來忘掉自己夾在上司與部下中間的壓力，以及必須和合不來的上司一起工作的壓力。喝酒能幫助他逃避現實。

他在「今天真正想要的東西」的欄位裡寫下**「只想忘掉壓力！」**填寫時，他突然想起，最近聽到年輕的職員在埋怨泡沫世代。

年紀來到50歲後半的建一先生近來很難記住新事物，這讓他覺得自己「不中用、沒出息」。

現實中儘管周遭沒有人真的對他說過這種話，但他自己的心中卻自顧自地認為就是如此。

依照建一先生的個性，就算有人溫柔地對他說：「沒這回事啦。建一先生一直都很努力啊。」拘謹的他也一定會責備自己吧。畢竟他一路走來都在檢討、激勵自己，才有今日的成就。

建一先生喝酒，為的就是不願去面對「沒用的自己」。

他其實很希望「自己是一個有用的人」吧。而且，他也期望自己能夠再次獲得成就感。

而另一方面，由於他長期處在緊張狀態下，所以身體吃不消了。建一先生自己似乎也**「想要感到舒暢」**。

至少在喝酒的時候，他想讓自己放鬆一點。跟工作的時候不一樣，此時的他想像個人一樣，好好品嘗一下自己的情緒和感受。

寫下**「真的很喜歡喝酒，想更享受喝酒的時間」**和**「想大口吞下生啤酒」**時，建一先生露出了愉快的表情。

【步驟4　找出替代行為，加以驗證】

7月20日	
7月21日	○把第5罐換成不含酒精的
7月22日	○把其中2罐換成不含酒精的
7月23日	
7月24日	
7月25日	○既然都要喝，就做下酒菜讓酒更美味
7月26日	○跑完2公里之後喝生啤酒

建一先生希望「自己是個有用的人、也想做些什麼，以獲得更多的成就感」。

此外，他也有「既然要喝，就得要享受喝酒的時間。想要體驗暢飲的滋味」的想法。於是他試著尋找能夠滿足這些想法，同時又能維持健康的方法。

保健護理師這麼問建一先生：

「你有擅長的事嗎？比方說，你在學生時代參加過什麼社團？」

「田徑社。」

「那麼，你的項目是什麼？」

「是長跑。那個，因為我的個性也是這種一步步踏實地往前的感覺。」

回答時，建一先生突然感到有點懷念。

他想起自己當學生的時候很喜歡跑步，也想起了跑完之後的爽快感。

最近有那樣的感覺嗎？如果能再次體驗那種感覺，那就太好了。

跑馬拉松的話，應該就可以照自己的步調跑。是不是得先從健走開始啊？我也看過許多年紀比我大很多的高齡跑者。心裡開始想像後他就對此興奮起來了。

實際練跑後，雖然覺得身體比以前沉重，但是流汗後的舒暢感，以及跑完步後大口吞下的生啤酒，都令他感動不已。

「我懂了！原來這就是良好的飲酒方式。我所追求的並不是用酒精沖洗掉壓力的喝法。」

另外，建一先生也想到：**「既然都要喝，就做下酒菜讓酒更美味」**。若心中惦記著「該少喝點」，那麼喝酒時就會不斷閃過「必須減量」或「其實不該喝的」等等想法，這樣根本無法好好享受。

他重新思考了一下，覺得自己還不如這麼做——「既然今天只能喝3杯，那就用這個量配上最棒的下酒菜一起享受吧。」

雖然幾乎沒有料理經驗，但是他一直在增加下酒菜的種類，好比今天的菜色是罐頭，隔天則是小黃瓜拌韓式泡菜。

自己做的下酒菜就是特別不一樣。思考「今天要怎麼享受喝酒的時間呢？」似乎已經變成了他的小興趣。

就這樣，建一先生開始積極地享受他的私人生活。在不知不覺中，他的飲酒量也自然地變少了。

聽說，現在的他不但會鼓勵別人跑馬拉松，之後還會跟公司的馬拉松團隊一起參加馬拉松接力賽。

建一先生的筆記範例

日期	①今天發生的事	②想戒掉習慣的量	③真正想要的東西	④替代行為
7月20日	沒什麼特別的事	STRONG燒酎雞尾酒5罐	只想醉到飄飄然	
7月21日	普通的一天	STRONG燒酎雞尾酒4罐＋無酒精1罐	只想醉到飄飄然	○把第5罐換成不含酒精的
7月22日	普通的一天	STRONG燒酎雞尾酒3罐＋無酒精2罐	只想醉到飄飄然	○把其中2罐換成不含酒精的
7月23日	○開會時，上司和下屬都任性地亂給意見，搞得我壓力值有5罐酒	STRONG燒酎雞尾酒5罐	只想忘掉壓力！	
7月24日	○獨自跟討厭的上司一起跑外勤。壓力超大	STRONG燒酎雞尾酒5罐	只想忘掉壓力！	
7月25日	○沒完沒了的工作壓力	STRONG燒酎雞尾酒4罐＋自己做下酒菜	我真的很喜歡喝酒，想更享受喝酒的時間	○既然都要喝，就做下酒菜讓酒更美味
7月26日	○沒完沒了的工作壓力	生啤酒3杯	想大口吞下跑完2公里後的生啤酒	○跑完2公里之後喝生啤酒

酒精並非拯救自己的「唯一」救贖！

當被問到「有飲酒問題的人，是不是都有某種傾向？」時，因為飲酒者的類型和飲酒理由多到無法一概而論，所以實在沒辦法只用一句話來帶過。

有些人的煩惱在於每天晚上都想喝酒，無法排出休肝日；有些人平時不會喝酒，但爾偶會在聚餐上喝到出問題。在這些人之中，甚至有人因為喝酒而失去家庭、工作、朋友和財產。

順帶一提，你知道喝多少酒就是「飲酒過量」嗎？

日本厚生勞動省定下的標準為：健康人士的適當飲酒量應為平均每天20公克以下（女性因為代謝的關係，所以要減半，也就是10公克）。突然出現一個20公克，也沒什麼具體的概念吧。簡單來說，大概就是酒精濃度5％的啤酒中瓶一瓶（或1.5罐罐裝啤酒）；如果是酒精濃度7％的罐裝燒酎雞尾酒，則是1罐；紅酒則是2杯。

對於這個標準感覺如何呢？你是否覺得，如果是愛喝酒的人，應該隨便一喝就超過這個量了。

我也是非常愛酒的人，所以無法在這邊講什麼大道理。只希望大家能對適當飲酒量先有個概念，進而去思考「不想過著為了健康而滴酒不沾的人生」，再去想想「為此，是否該從現在開始尋找與酒精和平共存的方法」。

回到原本的話題。容易沉迷於飲酒的人，想必喝下的酒精都超過了一般的量。每天「因為愛喝而喝」的常態不在話下，他們的問題其實也不是這個，主要的問題是因為「沒有酒不行」——特徵是對酒精遠遠超出必要性的需求。

例如這句話**「我有壓力，不喝酒就做不下去」**。類似的話他們身邊的人可能已經聽過很多次了。

人有壓力時，其實只要擁有各式各樣的解決方法，好比動動身體、找人發牢騷、面對並處理壓力來源之類的，就不用老是依靠酒精來換取救贖了。

然而，喝酒喝到幾乎出問題的人可能不喜歡運動，也可能不想託付於他人，總想靠自己解決問題，或是認為就算把感受講出來，也無法解決壓力來源，到頭來講了也是白講。

而另一方面，自己又沒有勇氣面對壓力來源，所以就放棄處理了。這種狀況並不在少數。

也因為這樣，有飲酒問題的人往往會給人溫柔的第一印象。

畢竟，這種人就算有壓力也不會抱怨，更別說是遷怒別人之類的；相反地，他們看起來活得很自在，或者人們也只會看到他們沉穩而幽默的一面。

這是因為他們將壓力藏在內心深處，裝做看不見那些壓力。除非是他們親近的家人或朋友，否則任何人都會將他們視為「好人」吧。

會沉迷酒精的4個原因？

現在就來介紹常見的「沉迷酒精的4個原因」。會從先前曾介紹過的「無法戒除壞習慣的原因」中，選擇適用於飲酒的。

【戒不掉飲酒的4個常見原因】

1 可以放鬆（身體感覺）
2 可以順利與人交談（社會性關注）
3 可以忘掉討厭的事（逃避）
4 增進食慾（獲得物質或活動）

接下來，將一一加以解說。

●1 可以放鬆（身體感覺）

喝酒能令繃緊的肌肉鬆弛下來，連表情都會變得柔和。也能促進血液循環，讓**全身得以放鬆**。相信有很多人都喜歡在一天的尾聲享受這種感覺，以此慰勞自己吧。

●2 可以順利與人交談（社會性關注）

我們有很多和別人一起喝酒的機會。無論是在職場聚餐、同學會、祭典或慶祝會上，都會有酒。

喝幾杯酒後，就算是平常清醒時只會講公事的對象，也能**拉近距離、說出真心話**。因此，它能令商談變得更順利、與對方的交情變得更要好、自己更能表達出祝福的心意。

在這當中，或許有人是因為上司欣賞他這樣，對他說「喔！你很能喝嘛」，所以他才會想要喝更多。

●3　可以忘掉討厭的事（逃避）

為了這種原因而喝酒的人會說：「我壓力太大了！不喝不行！」他們想用酒來沖洗掉煩躁的情緒，或是借酒澆愁。

酒能讓人暫時忘掉不愉快的事情，因此，飲酒也算是一種暫時性、平易近人的高性價比**紓壓方式**。

只不過，它終究是「暫時性的」。不愉快的事情並不會就此消失，也沒有被解決，酒醒後仍然得回到現實。

●4　增進食慾（獲得物質或活動）

近來盛行代客選酒的服務。店家會根據套餐的內容來推薦最適合的香檳、白酒、紅酒或餐後甜酒，藉以襯托出料理的美味。

人們以這種方式，**將酒選作享受餐點的方式之一。**它也算是一種飲食文化，具有豐富生活的功能。

幫助擺脫酒精依賴的替代行為

那麼，究竟該怎麼做才能擺脫飲酒過量的問題呢？

不喝酒的話，又能做些什麼呢？

會針對前文中介紹過的「戒不掉飲酒的4個常見原因」一一做解說。

●「1　可以放鬆」的因應之道

如果是酒精的這個功能，要取代的話也非常簡單。讓身體**緊繃放鬆的方法非常多**，例如：泡澡、伸展、按摩等。請試著以這些來取代晚酌吧。

不過，以上述的行為來替換掉可能會稍微麻煩一點。因為這些方法不像酒精那樣快速發揮效果。

遇到這種情況時，就回想一下想要減少飲酒的理由吧：**「我是真的想要減少飲酒**

嗎？為什麼想要減少呢？」

●「2　可以順利與人交談」的因應之道

請把自己三杯黃湯下肚之後自在交談的樣子記錄下來，應該會和平常的自己不太一樣吧。

喝酒的當時是不是有「話題自然湧現」的感覺呢？那麼，為什麼平時卻都找不到話題呢？

或許是因為待人太過小心謹慎了，又或許是因為情緒無法自然發揮，所以才想不出話題。

也可能是因為自己在面對他人的時候太過緊張，無法分神去注意觀察對方的表情以及心情。**這時可以想像一下喝酒後自己為之一變的形象，並在平時的對話中帶入那樣的自己。**

即便一開始有點笨拙，之後漸漸地會慢慢習慣在清醒時打開心房。重要的不是有沒有喝酒，而是有沒有溝通能力。

「3　可以忘掉討厭的事」的因應之道

喝酒的短暫效果之一就是「能夠暫時忘掉不愉快的事」像這樣的好處，但是到了隔天，魔法就消失了。

當然，有時我們的生活中可能也需要暫時逃避一下，好儲存能量以備隔天去面對、處理問題。

不過最重要的是「不可以一直逃避下去」。

大多數的問題都是拖延得越久，就越容易錯過解決的時機，進而使問題變得更加棘手。

如果感受到這些問題的積累，你就會開始討厭自己、變得越來越焦慮。**即使害怕也要去面對問題，這就是最好的替代行為。**

「4　增進食慾」的因應之道

因這個理由而喝酒的人，通常是美食家。只要貫徹對飲食的興趣，就能察覺到

「喝太多酒會影響味道」這件事吧。

試試在高級餐廳用餐也是一種方法。

當昂貴的料理擺在眼前時，我們就會想要花時間慢慢品嘗它，還會仔細聆聽用餐的說明，邊聊邊吃。適量飲酒、以愉快的心情慢慢品嘗，才能擁有享受真正美味料理的美好時光。

接著，最後是一位女性自暴自棄大吃大喝的例子。

第 8 章

擺脫
暴飲暴食的習慣！

～無法停止暴飲暴食——陽子小姐的筆記～

無法停止暴飲暴食的陽子小姐

無法停止暴飲暴食的陽子小姐（假名，40歲女性，家庭主婦，已婚，與丈夫、小孩同住）。

陽子小姐是前一章中戒不掉酒的建一先生之妻。

他們有一個念小學的孩子。陽子小姐每天除了要接送小孩去學才藝，還要忙著做家事。

她單身時原本是一名銀行員，因結婚而辭職後，便一直在家當家庭主婦。

她的個性本來就比較安靜、沉穩，因此她自己也覺得，比起在外積極打拚，自己更適合在家慢慢地處理家務。

陽子小姐在39歲時才生下孩子，因為是高齡產婦，所以深切感受到產後身體恢復得很慢，以及缺乏體力帶孩子。儘管如此，小孩還是轉眼間就長大了。

丈夫是個工作繁忙又很認真的人，但是比較遲鈍，從來不會貼心地主動幫忙帶小孩或做家事。

大概就是叫他「去丟垃圾」，才會開始行動的感覺。也因為這樣，家裡的事情幾乎都落在陽子小姐身上。

在同年齡層的主婦朋友家裡，家事都是由全家人共同分擔，她們的丈夫也都比較會主動去照顧孩子。但是陽子小姐考慮到丈夫年紀大，體力比較差，因此做家事、帶小孩都是自己來。

前陣子，丈夫的健康檢查結果顯示，他的肝臟負擔過大以及膽固醇過高。因此，陽子小姐的婆婆打電話對她說：「妳做飯的時候能不能想想辦法？管理丈夫的健康是妻子的工作喔。」

她從以前就經常感受到這種壓力。回想起來，之前孩子的視力衰退時，她也受到這樣的責備。

陽子小姐只回了：

「是啊。我會多學習一些烹飪知識。」

接著就掛掉電話了。她沒辦法反駁，因此她選擇趁著半夜裡吃零食，藉此排解無處發洩的情緒。

她的丈夫建一先生雖然有借酒發洩心中不快的習慣，但他是個一本正經的人。而身為妻子的**陽子小姐也是個會壓抑自我的人**。

夫妻倆都是那種習慣把不滿藏在心裡、不斷忍耐的人。兩人多虧了這樣相似的性格，多年來都不曾吵架，一直和平相處著。
但是彼此都很壓抑，以致於真正的情緒無處發洩。
有率先擺脫了酒精依賴的建一先生之事例後，也希望能看到陽子小姐的改變。
於是陽子小姐也試著寫了筆記。

為了維持良好情緒並減少暴飲暴食，於是開始寫筆記

【步驟1　寫下今天發生的事】

7月22日	◯婆婆打電話來，說丈夫健康檢查結果不理想是飲食生活害的
7月23日	◯會合處被選在離朋友家很近的地方
7月24日	◯要接送小孩上才藝班，直到夜深了都還不能放鬆
7月25日	◯晚餐都煮好了，丈夫才臨時傳來「不用了」的訊息
7月26日	一起吃午餐的朋友，她有個可愛的化妝包
7月27日	詢問朋友後發現，大家似乎都過得挺奢侈的
7月28日	朋友們相見便一起大發牢騷
7月29日	小孩沒有把自己的衣服收好

跟建一先生比起來，陽子小姐比較能注意到自己的情緒。因此，婆婆打電話來的這件事也使她在心裡煩躁地想著：「別怪到我身上！」

但是，可以從每天列出的發生事情中，看出她似乎不只顧慮婆婆的想法，還處處為朋友、丈夫和小孩著想。

想必她是很溫柔的女性吧。也許是因此，才會以主動退讓來維持和睦的生活。

【步驟2　記錄想戒掉習慣的量】

7月22日	晚餐後吃2杯泡麵和零嘴
7月23日	晚餐後吃冰、麵包、零嘴
7月24日	晚餐後吃炸熱狗和巧克力
7月25日	晚餐後吃了桃子果凍
7月26日	晚餐後喝了花草茶配可愛的切片蛋糕
7月27日	晚餐後喝咖啡和吃巧克力
7月28日	晚餐之後什麼也沒吃
7月29日	晚餐之後什麼也沒吃

接著，陽子小姐記錄下每天吃了什麼。早、午、晚餐都是正常分量，因此她試著寫下正餐之外吃了什麼。她最大的特徵就是，總是**在「晚餐後」吃太多東西**。

丈夫建一先生會花很多時間待在客廳喝酒，但陽子小姐不是在客廳吃東西。她通常都等到念小學的兒子睡著後，才開始在另一間類似做家事專用的燙衣房間裡吃些什麼東西。

「我感到汗顏……。原來我是特地躲起來一個人狂吃啊。」

丈夫建一先生也是喜歡一個人放空的類型，而陽子小姐在吃自己喜歡的東西時，也不想被別人看見。

夫妻倆都想獨處。只不過，躲起來的人是陽子小姐。

【步驟3　分辨出疑似會影響該習慣量增減的事情，並找出隱藏的需求】

7月22日	很想回嘴。別怪到我頭上
7月23日	為什麼每次都是我過去。不公平
7月24日	我也想放鬆
7月25日	早點說啊
7月26日	我是否該學學朋友，更愛惜自己一點
7月27日	我要允許自己過得奢侈一點。畢竟人生只有一次
7月28日	我也找人發牢騷了
7月29日	想叫小孩子一起分擔家事

陽子小姐在填寫「今天真正想要的東西」欄位時，**讓她很驚訝的是，自己使用了粗魯的言詞，**那都是她在現實生活中從來沒對別人使用過的。

「原來我累積了這麼多怒氣啊。」

回想起來，從小只要身邊發生什麼不好的事，她就會覺得都是自己的錯，並當起和事佬，試圖化解問題。然後，當天的晚上她就會大吃特吃。

「從以前就是這樣！我如此為別人付出，卻沒有人會同等珍惜。我也想要任性啊、我也很累啊。我也想要把自己擺第一、我也想抱怨啊。」

如此清楚地意識到這件事之後，陽子小姐的觀念就變了。

和朋友約出來吃午餐那天，她在朋友補妝時看到對方拿著可愛的化妝包。於是她馬上想到：

「啊，家庭主婦也可以買這麼可愛的化妝包嗎？」

她還在使用單身時期買的舊化妝包，不知不覺間已經用了10年。由於她是家庭主婦，沒有自己的收入，所以才會有所顧慮。

「不過，我倒是肯把錢花在午餐上。我還真奇怪。我也可以像朋友一樣，多花一點錢在自己身上嗎……。」

於是，陽子小姐試著問了許多問題。結果她發現，同為家庭主婦的朋友不只有在學習才藝，有時候還會上美容中心保養等等。這時她才注意到，一直以來都沒有好好對待自己。

然後，陽子小姐繼續問朋友：

「其實，我婆婆曾對我這麼說⋯⋯。」

她朋友很驚訝，也很同情她。畢竟陽子小姐從來沒抱怨過這種事。

「我還以為妳家那邊一切都很平順，所以我一直在克制自己的嘴，但現在要說出口就容易多了。其實，我這邊也⋯⋯。」

朋友抱怨的事比她以為的還要多。

「什麼嘛！原來大家都是這樣。以後我要多多發牢騷。」

陽子小姐心中已經有了不少的改變了。

【步驟4　找出替代行為，加以驗證】

7月22日	
7月23日	
7月24日	平常都買袋裝巧克力，今天改買5顆裝的
7月25日	◯趁著小孩學才藝的時候去按摩
7月26日	◯既然要精緻，花草茶也要一起升級
7月27日	◯重質不重量。高級巧克力跟高級沐浴乳
7月28日	◯抱怨完真舒暢
7月29日	平常都是煩躁地動手收一收，但今天，我叫兒子自己去收

說到沒有好好對待自己，狂吃東西時的陽子小姐就是這句話最好的寫照。她任由自己被壓力擺布，靠著不停吃零食來消除鬱悶，也不在乎味道好不好吃。陽子小姐仔細想想：

「我想要更珍惜自己。吃東西能讓我暫時得到滿足，但事後的自我厭惡感很強烈。既然都要吃，那我是不是該把自己當客人，用心款待？」

其實，她是希望別人珍惜自己，但是依陽子小姐的個性來看，如果有人這樣做，她一定會覺得「必須做點什麼來回報對方」。

而且，她自認為沒有人會珍惜她。

因此她決定了，總之就先由自己來款待自己吧。

晚餐過後準備好花草茶，然後把可愛的切片蛋糕好好地放在盤子上。這次，她不在家務小房間裡吃，而是在餐桌上享用。丈夫也在桌子旁邊，建一先生用喝醉的臉望著可愛的切片蛋糕。

這個方法很管用，成功地讓陽子小姐吃得比平常少。

有了這次的經驗，她開始懂得找替代品了。例如改用稍微高級一點的沐浴乳，或是**改買一顆高級巧克力，而不是買一大袋的巧克力**。

陽子小姐漸漸培養出愛惜自己的意識。

最終，她挑戰了「想要回嘴」的慾望。

以往，當受到批評或過分的要求時，她都只會犧牲、退讓，然後把情緒壓在心底。不管是對婆婆、對丈夫還是對小孩都一樣。

7月25日那天，在陽子小姐快做好晚餐時，突然收到丈夫傳來「今天晚餐不用了」的訊息。

她對此感到很煩躁，「為什麼不早點說啦，都煮好了！」丈夫似乎是買了一些食材，打算自己做料理。

如果是以前，她一定會擔心這個、擔心那個，好比：「他是不是不滿意我煮的料理？」、「是不是婆婆又對他說了什麼？」

但是現在的她會想：「算了，沒差。反正他都說要自己煮了。」於是，陽子小姐就自己**出門去按摩了**。結束後回到家，她看到丈夫正在開心地喝著酒，配著他自己做的下酒菜。

7月29日，陽子小姐將洗乾淨的衣服遞給兒子，並且交代他：**「把衣服收進自己的房間。」**

兒子嘴上說「好～」，手卻放不下遊戲。2個小時過後，他依然沉浸在遊戲之中，沒把衣服收好。

到了睡覺時間，她看到洗好的衣服還堆在客廳，便感到很煩躁。

如果是以前，她就會幫忙把衣服收進兒子的房間，但是這一天，她對自己說：

「這種自我犧牲是不對的。這對我不好，對兒子也不好。」

於是，她再次要求兒子去整理他自己的衣服。

在別人眼中，這也許是理所當然的應對方式，但是對陽子小姐來說，這可是跨出了一大步。因此那天**晚餐過後，她什麼也沒吃**。

雖然她不太確定這算不算替代行為，不過這其實就是最正統的替代行為。

陽子小姐需要好好向對方傳達自己的想法，而不是一味地犧牲自己。

陽子小姐的筆記範例

日期	①今天發生的事	②想戒掉習慣的量	③真正想要的東西	④替代行為
7月22日	○婆婆打電話來，說丈夫健康檢查結果不理想是飲食生活害的	晚餐後吃2杯泡麵和零嘴	很想回嘴。別怪到我頭上	
7月23日	○會合處被選在離朋友家很近的地方	晚餐後吃冰、麵包、零嘴	為什麼每次都是我過去。不公平	
7月24日	○要接送小孩上才藝班，直到夜深了都還不能放鬆	晚餐後吃炸熱狗和巧克力	我也想放鬆	平常都買袋裝巧克力，今天改買5顆裝的
7月25日	○晚餐都煮好了，丈夫才臨時傳來「不用了」的訊息	晚餐後吃了桃子果凍	早點說啊	○趁著小孩學才藝的時候去按摩
7月26日	一起吃午餐的朋友，她有個可愛的化妝包	晚餐後喝了花草茶配可愛的切片蛋糕	我是否該學學朋友，更愛惜自己一點	○既然要精緻，花草茶也要一起升級
7月27日	詢問朋友後發現，大家似乎都過得挺奢侈的	晚餐後喝咖啡和吃巧克力	我要允許自己過得奢侈一點。畢竟人生只有一次	○重質不重量。高級巧克力跟高級沐浴乳
7月28日	朋友們相見便一起大發牢騷	晚餐之後什麼也沒吃	我也找人發牢騷了	○抱怨完真舒暢
7月29日	小孩沒有把自己的衣服收好	晚餐之後什麼也沒吃	想叫小孩子一起分擔家事	平常都是煩躁地動手收一收，但今天，我叫兒子自己去收

不小心吃太多的人都有的共通點

說得攏統一點，暴飲暴食的人往往都有以下的傾向：不善表達想法與需求，只好自己忍耐著。

而換來的結果就是**進展事與願違並不順利、得不到想要的東西、感到寂寞、不滿足或痛苦**。

因此，他們才會用食物來填補不足的部分。這些人在其他人眼中，往往是沒有主見、處處讓著他人的好人。

越常犧牲自己的老好人，就越容易忘記自己的權益、不懂得優先照顧自己。由於他們將自己擺在一旁，所以會比較在意對方的心情，而不是自己的感受。

因此，這種人也常常搞不清楚自己真正的心情是什麼、真正想做的是什麼。

我曾在各種演講中談論類似書中的內容。在以學校老師為對象的演講上，最容易遇到「想要改掉暴飲暴食習慣」的聽講者。

這或許是因為老師們在努力工作時，總是把學生擺第一吧。

有些人會對老師們提出不合理的要求，說出「身為老師，希望連私人生活也要是學生的好榜樣」，或是「不要談什麼休息時間，你要多為學生著想」等等。

教師這個工作跟其他工作有點不一樣，他們總是背負著「請你犧牲自己，努力工作」的壓力。這或許就是導致他們暴飲暴食的原因之一。

會不小心吃太多的3個原因？

現在就來介紹常見的「不小心吃太多的3個原因」。會從先前曾介紹過的「無法戒除壞習慣的原因」中，選擇適用於過量進食的。

【不小心吃太多的3個常見原因】

1　追求口感、吞嚥感、飽足感（身體感覺）
2　忘掉不愉快的事（逃避）
3　邊吃邊做，活動才會更有趣（獲得物質或活動）

接下來，將一一加以解說。

1　追求口感、吞嚥感、飽足感（身體感覺）

請問是否曾經在感到生氣時，利用咀嚼酥脆零食的口感，來消解你心中無處發洩的怒氣呢？

這種時候比起追求棉花糖那種口感，更會有**「想要咬碎東西」的衝動，你會更想來點咬起來酥酥脆脆的東西**。

此外，也有人是為了享受食物吞嚥時的**像是卡住般的感覺**，或是**撐飽腹部所帶來的「被滿足了」的錯覺**。

●2 忘掉不愉快的事（逃避）

遇到不愉快的事情時，只要吃東西讓心情變好，也許就能暫時忘掉那件事。而吃甜食確實能讓我們立刻振作起來。

雖然已經是十幾年前的事了，但以前日本一推出以高壓力族群為客群的巧克力時，銷售量可是非常驚人的。因為我們常常會**為了紓壓而進食**。

●3 邊吃邊做，活動才會更有趣（獲得物質或活動）

人們去電影院看電影時，總會不自禁地花大錢買下根本沒那麼喜歡的爆米花、根本不必吃那麼多的分量（大分量）。

坐在座位上看電影預告時，就算覺得「其實也沒那麼好吃」，也會因為雙手閒著沒事做，不自覺地就抓起爆米花吃個不停。

電影正片開始後，明明不餓，還是會邊看邊吃。

搞不好我們的身體記憶已經將電影和爆米花配成一套，而且還會覺得「這樣做感到很開心」。

這種**將某種活動和某種食物配成一套的例子處處可見**。

例如，有人養成了回家後一定要先吃甜食的習慣。這也許是意圖釋放在外努力了一整天的緊繃感，但是對這個人來說，「回家＝甜食」的組合已經變成他配成一套的習慣了。

另外，參加婚禮就能吃喜酒也是一個例子。當大家吃到美味的食物後，就能親切地給予新人祝福。

因為我們的身體已經將婚禮和吃喜酒當作成套的組合，並且覺得這樣子做「似乎很不錯」。

還有，有些人在久違地回到老家時，一看到媽媽的臉就忍不住流口水想著：「突然好想吃媽媽常煮的馬鈴薯燉肉喔。」

這也是因為，這些人已經習慣將回老家（媽媽）和馬鈴薯燉肉聯想成一套」。

幫助擺脫過量進食的替代行為

那麼，究竟該怎麼做才能擺脫過量進食呢？

不吃的話，又能做什麼呢？

會針對前文中介紹過的「不小心吃太多的3個常見原因」一一做解說。

●「1 追求口感、吞嚥感、飽足感」的因應之道

如果是為了這個理由而過量進食的話，其實可以簡單地替代掉。

因為，**只要找到能幫助「發洩」或「滿足」的方法就行了，**不見得要以進食的形式來實現。

例如一口氣吃掉一整包酥脆洋芋片的人，就可以把洋芋片換成醬菜或根莖類生菜沙拉，一樣具有類似的口感，還能降低健康上的風險。除此之外，改成嚼昆布零嘴、

冰塊或口香糖也很有效。

與人交談時，先叼一根棒棒糖也能防止自己多吃。

此外，以其他行為來取代進食也是個不錯的選擇。

好比有人用拳擊來發洩煩躁情緒；有人則會拿起菜刀不停地切著大量的蔬菜，藉此排解無處發洩的情緒。

●「2　忘掉不愉快的事」的因應之道

如果是為了逃避討厭、痛苦或麻煩的事才過量進食，那麼，建議要鼓起勇氣面對問題。

就算無法立刻處理問題，也要稍微對別人提一下此事，例如：「現在〇〇搞得我好累喔」、「不〇〇不行啊」、「〇〇真叫人沮喪」等。

這樣會比一個人獨自煩惱還要來得輕鬆，而且，也不必擔心這種程度的小小牢騷會造成對方的困擾。

要承認自己處在連自己都不忍直視的狀況之中，或是面對拖延到連自己都感到難為情的事，固然是件痛苦的事情。但是，乾脆去接受**「對啦、對啦，我就是這種人」**，反而是最能靜下心來的做法。

勉強自己不停地吃，還不如無力地舉起白旗承認「我是懦夫」、「我是個弱到不行的人」、「我很懶散」。

實際去體會即使投降，世界也不會因此毀滅吧。說不定，周圍的人看到如此坦率的你，反而會覺得你是個好相處的人。

●「3 邊吃邊做，活動才會更有趣」的因應之道

只要是某種活動和食物被組成一套，就是屬於這種類型。

如果心想「得吃點東西，才能做這些我根本不想做的雜務」，那麼請暫時將吃或不吃擺一旁，先問問自己：「這些雜務真的是我該做的事嗎？」

正如同我說過的，很多不小心吃太多的人都會以犧牲自我來換取和諧。因此，說不定那些雜務本來就是他人該做的事。

也許本該拒絕，或即使拒絕不了，應該也要有商量的餘地——現在很忙的話，那

就要求延長那件雜務的提交期限、要求增加支援的人手，或是請對方提供參考資料跟工具等等。

假如你對這樣的過程有所抵抗的話，那就試著這樣問問自己：

「拒絕也不要緊。

如果是個性與我相反的人遇到這種情況，他會如何行動？」

試著將他人代入自己的立場，也就能理解到即使他們自由地做選擇，不論是平靜地拒絕還是一時興起而答應，周遭的人也不太會因此感到氣憤或受傷。

不可以糟蹋地對待自己、**不能說「我就犧牲吧！」就這樣欺負自己**。讓我們一起練習說出一些自己的心聲，好好表達自己的想法吧。

感覺如何呢？

看到這裡，我們已經分析過各種人的「戒不掉的行為」。

也提出許多利用3分鐘筆記，來**戒除壞習慣的「能替換行為的簡單方法」**。

而實際去嘗試後，**你可能會驚訝地發現這些其實都是「可以讓我面對真實自己的**

做法啊」。

我們的生活方式源自於我們的每個行為、每個使用時間的方式。

因此，相信一定可以在自己的思考習慣或是行為模式上找到突破點。

每個人都會有一、兩個習慣。希望在察覺它、避免落入其陷阱的同時，你也能愛上包含該習性在內的「完整的自己」。

結語

看完本書之後，覺得如何呢？在讀完書中登場的那些人物例子之後，相信你已經注意到，這本書的目的並非只有「停止想戒掉的習慣」而已。

我最想透過本書傳達給讀者的訊息是——請把焦點放在「想把人生的時間花在哪裡」以及「在生活之中，想珍惜的是什麼」這些事物上面。

人生其實很有趣。結識新朋友時，有逐漸變得親近的喜悅；接觸新想法時，也有受到刺激的樂趣。而且除了人類之外，這個世界還有大自然、書本、繪畫、音樂和其他各式各樣充滿魅力的事物。

當然，只要人生還在前進，有時候得試著去相信、去主張什麼，有時則會遭遇必須忍耐、退讓的局面。

當事情發展得不順利時，就會忍不住地想要朝著比較不會受傷、比較輕鬆的方向逃過去。

因為我們都會想要依賴更容易滿足自己的事物。

若能在暫時休息之後重新走回人生的旅途上，那倒是沒什麼關係。

但是，如果一直待在路途旁的小巷子裡，人生會變成什麼樣子呢？

現代社會充滿了許多巷子裡的誘惑，引人走岔了路。所以有時候，我們必須重新思索自己想過怎樣的人生，以及為了那樣的人生，現在最該做的事是什麼。

希望本書能成為你人生中的路標。

以往我是都以編寫專業書籍為主，這其實是我的第一本大眾書籍，因此有點擔心。在最後，想詢問各位大眾書籍的讀者，這本書有沒有符合大家的需求呢？

我也曾受惠於認知行為療法，成功地讓自己活得更加自在。因此，我一直希望能讓更多人認識認知行為療法的思考法，而這次的大眾書籍企劃正好滿足了我的期望。從很久以前開始，我就有著這樣的願望——

「希望出差的商人在機場的書店裡買我的書，然後帶著它搭上飛機。」我相信，這本書一定能實現它。

中島美鈴

(參考文獻)

Claessens, B. J. C., van Eerde, W., Rutte, C. G., & Roe, R. A. (2007). A review of the time management literature. Personnel Review, 36(2), 255– 275. doi: 10.1108/00483480710726136

Barling, J., Kelloway, E. K., & Cheung, D. (1996). Time management and achievement striving interact to predict car sales performance. Journal of Applied Psychology, 81(6), 821–826. doi: 10.1037/0021-9010.81.6.821

Britton, B. K., & Tesser, A. (1991). Effects of time-management practices on college grades. Journal of Educational Psychology, 83, 405–410. doi: 10.1037/0022-0663.83.3.405

Burt, C. D. B., & Kemp, S. (1994). Construction of activity duration and time management potential. Applied Cognitive Psychology, 8(2), 155– 168. doi: 10.1002/acp.2350080206

Trueman, M., & Hartley, J. (1996). A Comparison between Time-Management Skills and Academic Performance of Mature and Traditional-Entry University Students. Higher Education, 32, 199-215. https://doi.org/10.1007/BF00138396

Macan, T. H., Shahani, C., Dipboye, R. L.0, & Philips, A. P. (1990). College student' s time management: Correlations with academic performance and stress. Journal of Educational Psychology, 82(4), 760– 768. doi: 10.4992/jjpsy.87.15212

Sonuga-Barke, E., Bitsakou, P., & Thompson, M. (2010). Beyond the dual pathway model: Evidence for the dissociation of timing, inhibitory, and delay-related impairments in attention-deficit / hyperactivity disorder. Journal of the American Academy of Child and Adolescent Psychiatry, 49(4), 345–355. doi: 10.1016/j.jaac.2009.12.018

河井大介、天野美穂子、小笠原盛浩、橋元良明、小室広佐子、大野志郎、堀川裕介（２０１１）「ＳＮＳ依存とＳＮＳ利用実態とその影響」《日本社会情報学会全国大会研究発表論文集》26，２０５-２７０頁

中島美鈴（Nakashima Misuzu）

臨床心理師、公認心理師、心理學博士。專攻認知行為療法。臨床經驗22年。

1978年生於日本福岡縣。於九州大學研究所修完人類環境學府博士後期課程。曾任職於肥前精神醫療中心、東京大學研究所綜合文化研究科、福岡大學人文學院等，現於九州大學研究所人類環境學府擔任學術協力研究員。常舉辦勞工時間管理講座，並廣受好評。此外，她也在保護觀察所、少年觀護所實踐團體認知行為療法，以協助改善問題行為。

著有《給成人ADHD患者的時間管理術》（光文社）、《給工作者的時間管理術》（星和書店，共同著作）等；繁體中文版的著作有《認知行為療法：擺脫恐慌的情緒勒索》（世潮）。

目前正在朝日新聞電子版上連載認知行為療法專欄。

幫自己喊停！

無痛戒癮3分鐘魔法筆記，
治好你的暴食・「滑」習慣

2023年9月1日初版第一刷發行

著　　者　中島美鈴
譯　　者　鄒玟羚、高詹燦
編　　輯　吳欣怡
美術編輯　林佳玉
發 行 人　若森稔雄
發 行 所　台灣東販股份有限公司
＜地址＞台北市南京東路4段130號2F-1
＜電話＞(02)2577-8878
＜傳真＞(02)2577-8896
＜網址＞http://www.tohan.com.tw
郵撥帳號　1405049-4
法律顧問　蕭雄淋律師
總 經 銷　聯合發行股份有限公司
＜電話＞(02)2917-8022

TOHAN

國家圖書館出版品預行編目（CIP）資料

幫自己喊停！：無痛戒癮3分鐘魔法筆記，治好你的暴食・「滑」習慣 / 中島美鈴著；鄒玟羚、高詹燦譯. -- 初版. -- 臺北市：臺灣東販股份有限公司, 2023.09
224面；14.7×21公分
ISBN 978-626-329-993-1（平裝）

1.CST: 認知治療法 2.CST: 行為治療法

178.8　　112012419